U0015587

Knowledge BASE 系列

一冊通曉 學習美→走進美→遊於美

圖解 美學 更新版

李佩璇 著　楊植勝 審訂

哲學叛逆的小女兒

楊植勝（國立臺灣大學哲學系副教授）

西方哲學最小的女兒

我喜歡把美學比喻為一個青春美麗的少女，說她是西方哲學最小的女兒。因為做為一門學科，美學誕生於西元十八世紀；在古典的哲學學科當中，她是最晚獨立的一門。哲學的古典學科，有的早在古希臘就已經誕生，例如邏輯、形上學、倫理學、政治哲學等；有的在中世紀誕生，例如神義學；有的遲至十七世紀以後才誕生，例如知識論與美學。美學在其中出生最晚，年紀最輕。

相對於古典的學科，現代新的哲學學科該算是下一世代的孫輩學科。因為它們孕育自古典學科的某一部分，而在現代世界的條件下產生。例如心靈哲學孕育自形上學關於靈魂或心靈的討論，宗教哲學孕育自神義學對神的辯駁，而科學哲學則孕育自知識論對於知識與科學方法的批判。這些新學科得以誕生，與現代世界的形成有關。

反觀古典的哲學學科，上自古希臘，下至十八世紀，不論出生早晚、年紀大小，顧名思義，都懷胎於古代，美學也不例外。美學的基本課題諸如「美」、「詩」、「藝術」、「模仿」等等從古希臘就有哲學的論述。但是直到十八世紀以前，美學並未成為一門獨立的學科。

西方古代未完成的美學課題

美學遲遲未能獨立成科，與古代的美學課題從未真正脫離其他古典哲學學科有關。柏拉圖是最早把「美」與「真」、「善」相提並論的人，但是當他提到真、善、美時，他並不是在區別它們，反而把它們共同當成「神聖」（τò θεῖον）的三種屬性。而且，柏拉圖在提到它們之後通常會加上「以及所有這一類的東西」（καὶ πᾶν ὅ τι τοιοῦτον）的片語，波蘭學者塔沓爾克維奇（Wladyslaw Tatarkiewicz）說：「這顯示他並不認為這個三元性是一個完全的模型（complete epitome）」。總之，對柏拉圖而言，真善美是同一類的東西，而且它們三者並不窮盡神聖所有

的屬性。

從另一方面來說，柏拉圖美學也因「要把詩人趕出理想國」的主張而惡名昭彰。為什麼柏拉圖要把詩人趕出理想國？借台灣大學哲學研究所一本以這個問題為標題的碩士論文來回答，是因為詩有害正義、詩的內容不真實，以及詩污衊神。簡言之，不是因為詩人的作品不美，而是因為它們不善、不真、不聖。即便同一位研究者的博士論文進一步提出「在柏拉圖哲學中解消這項爭執，讓詩留在理想國」，但是哲學家與詩人爭執的解消仍然不在詩之美，而在詩包含了「使人變好」的「知識」可能性，亦即善與真的可能性；而善與真，在柏拉圖早期作品「德性即知識」的觀念下，可以看成是同一類價值。總之，柏拉圖的美學在乎的從來不是美，而是「真－善」。

相對於柏拉圖，亞里斯多德顯然對詩較友善。但是他對詩的肯定，也不在於他感受更多詩之美，而在於他認為詩不僅可以、而且適合傳達真理：「正是這個原因詩比歷史更哲學也更嚴肅，因為詩說到更多的普遍（universals），而歷史則說到特殊（particulars）。」歷史陳述的只是「實然」，或只是「特殊」的人事物，而詩陳述的是「可能」與「必然」，藉由這兩者賦予詩裡的人事物「普遍」的意義；這與哲學所要說的相同。美國學者瓦爾騰背（Thomas Wartenberg）所編的一本藝術哲學文集稱亞里斯多德的藝術理論為「藝術作為認知」（art as cognition）：「對亞里斯多德而言，一齣結構良好的悲劇就像一篇哲學論文一樣適於傳達有關人性的真理。」柏拉圖反對詩（或在某種程度上接受詩）與亞里斯多德肯定詩，在立場上不同，甚至相反；但是他們的反對、接受或肯定，卻出於相同的原因，就是真理：詩不能傳達真理（柏拉圖——當他要把詩人趕出理想國的時候），或詩可以傳達真理（柏拉圖——當他允許詩人留在理想國的時候），或詩適合傳達真理（亞里斯多德）。不論如何，美不是希臘哲學的主要考量；希臘哲學考量的，如果不是詩裡

的真理，就是詩對人的善惡效用，前者是形上學的課題，後者是倫理學與政治哲學的課題。

美學獨立成為哲學的一門學科

　　希臘哲學影響後世深遠；從中世紀到近代早期一千多年，美學的課題仍未脫離形上學與倫理學。她在十八世紀獨立成科，與近代哲學主體性的轉向有關。這個轉向使西方哲學從古代以形上學做為第一哲學（First Philosophy）轉變為近代的知識論優先於形上學，也使尚未誕生的美學從「美」的課題轉變為「感性」或「美感」的課題。所以後來誕生的美學在西方語言裡並非「美學」（callistics），而是「感性之學」（aesthetics）。古代形上學的課題聚焦於理型、實體或上帝；近代知識論的課題則聚焦在做為主體的我、自己或個人。這個主體除了理性，還有感性的能力——英國經驗論的哲學尤其強調後者。做為歐陸理性論傳統的一員，鮑姆嘉登雖然把感性當做低級的認識能力，卻賦予它獨立的地位，讓感性之學得以與做為理性之學的邏輯（logica）分庭抗禮。十八世紀哲學的顛峰是康德。不同於鮑姆嘉登理性與感性的二分，康德用知性、理性與判斷力三分主體的高級能力，讓知識、道德與審美成為哲學的三大課題，也呼應了古代真、善、美三種價值。

　　然而，除了十八世紀，西方美學從未放下她對真與善的眷戀。做為哲學最小的女兒，美學在取得獨立的地位之後，沒多久就回馬進取哲學的真理核心。十九世紀初，黑格爾在他的精神哲學裡把藝術與宗教、哲學並列為「絕對精神」，相當於真理的三種型態：藝術做為真理感性的型態，宗教做為真理「表象」（Vorstellung）的型態，而哲學做為真理思想的型態。簡單來說，對於黑格爾，一切都是為了真理，藝術之美亦不例外。二十世紀的海德格在他的存有哲學裡更直指藝術作品開啟（eröffnet）存有，因而是顯示真理的關鍵。

叛逆的美學

　　當今這個時代，每一門哲學的學科都有其各自的門戶，其中有關價值的哲學學科，倫理學與政治哲學以善為核心，討論個人行為與國家

制度的正義；宗教哲學以神聖為核心，討論各種宗教的教義；美學卻不然。在十九世紀，美學就已逾越美的界限，攻占真理的領域；二十世紀以後，她又進向道德與政治的領域：鄂蘭用康德的美學概念來導入政治，而阿多諾則用藝術的作品來批判社會。做為哲學的子女，當代的美學不安於美，在哲學各個領域橫行霸道。這是她叛逆的一方面。

　　美學叛逆的另一方面，是她不僅橫行於哲學之內的領域，還跨越到哲學以外的其他學科。但是美學恐怕本來就非如此不可；這是在哲學領域獨立成科的她不可避免的宿命。因為做為哲學的一科，美學就是一門反省性的學科；但是她所要反省的對象，從美與美感，到各個文學藝術的類型，諸如文學、戲劇、音樂、舞蹈、電影、繪畫、雕刻，乃至建築與城鄉規畫等等，廣泛分布在各門人文藝術的學科，或者至少是具有人文藝術內涵的學科當中。美學要討論它們，就不可能把自己侷限在哲學的科系裡；她愈是要好好做為哲學的一門學科，深入反省她的對象，就愈是必須跨出哲學，成為一門跨學科的學科。

進入美學的捷徑

　　《圖解美學》是我多年前的學生李佩璇小姐的作品。作者本人例示了美學跨學科的特性：她隸屬文學的科系，卻跨足到哲學系來上我的課。在不到十年的時間之內，她已經超越當年「藝術觀念史」的老師，寫出一本後者延宕多年未能實現的美學介紹書籍。正是這樣「叛逆」的學生，才能青出於藍而勝於藍；只有超越老師，才能在學術上真正延續他。

　　這本書以「美」、「美感」與「藝術」三個主要的概念為經，以西方與中國為緯，簡要但細膩地為讀者展示美學的諸多課題。出身中國文學的作者，為這些課題提供了許多中國古典文學裡的例子。在本書中，她以優美流暢的文筆，淺顯易懂的撰述介紹美學，加上本書特有的圖表解釋，讓讀者在圖文並茂的文本裡輕易地進入美學的天地。

楊植勝

Chapter
 美感的探索

Chapter 6 美學視野中的藝術思考

Chapter
9 藝術接受

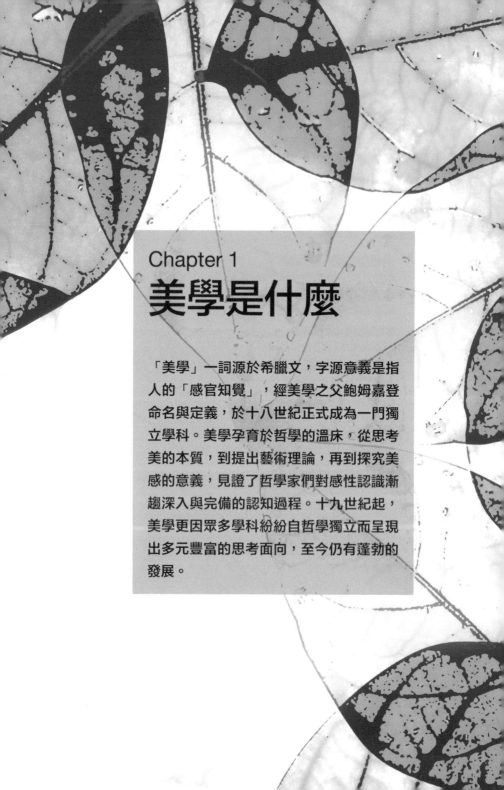

Chapter 1
美學是什麼

「美學」一詞源於希臘文，字源意義是指人的「感官知覺」，經美學之父鮑姆嘉登命名與定義，於十八世紀正式成為一門獨立學科。美學孕育於哲學的溫床，從思考美的本質，到提出藝術理論，再到探究美感的意義，見證了哲學家們對感性認識漸趨深入與完備的認知過程。十九世紀起，美學更因眾多學科紛紛自哲學獨立而呈現出多元豐富的思考面向，至今仍有蓬勃的發展。

學習重點

✓ 美學的研究有哪三大領域？

✓ 美學這門學科經過怎樣的命名歷程？

✓ 美學的發展過程可分為哪幾個階段？

✓ 十九世紀後美學的發展和哪些學科有關？

✓ 美學在十九世紀發生了怎樣的研究轉向？二十
　世紀後又有什麼樣的研究方法？

✓ 為什麼說美學和美育之間有相輔相成的關係？

✓ 美學傳入中國後引起怎樣的回響？有哪些代表
　人物和學說？

✓ 台灣的美學研究情況如何？

✓ 中國古典美學大致可分成哪些發展階段？各有
　哪些主張和代表？

美學研究些什麼？
美、藝術與美感是三大領域

美學的研究領域不僅止於美，還進一步擴及藝術與美感，透過探討「美是什麼？」、「藝術為什麼能表達美？」、「『美感』如何產生？」等相關問題，希望對人類奧妙的感性認識能力能有更多的理解。

思考「美」的本質及相關議題

「美學」雖然遲至十八世紀才成為一門獨立學科，但自希臘時期以來，哲學家便對「美」有所關注，如柏拉圖的〈饗宴〉（又譯為〈會飲〉）、〈大希庇阿斯〉，普洛丁的〈論美〉，與聖奧古斯丁的《論美與適合》都是關於「美」的論著。因此，美學的首要研究對象就是「美」，包含了自然美與藝術美的本質和特徵。

舉例來說，自然的風景、人體的姿態、建築的結構、繪畫的色彩、雕塑的形象、樂曲的音調、文學的描述、影像的畫面、衣著器物的裝飾，甚至是社會風俗和人格品德，這些都存在著令人讚賞的美；但為什麼這些性質、形式並不相同的事物，卻都能讓人感受到美？哲學家因此思考：是否在它們之中都普遍存在著「美」的本質呢？若是如此，美的本質又是什麼呢？

從藝術活動具體探討美的誕生

「藝術」也是美學中占有相當分量的研究領域；自古以來，學者對「美」的討論往往與他們對各類藝術現象和活動的思考緊密相關。他們或是對藝術本質及藝術創作現象提出相關思考，如柏拉圖的〈伊翁〉探討了靈感對詩歌創作的作用，〈理想國〉則思考詩人的社會地位；或是從具體經驗或作品中歸納出相關的創作或欣賞理論，如亞里斯多德的《詩學》和賀拉斯的《論詩藝》先後討論了以悲劇為代表的詩歌創作原則和意義，萊辛的《拉奧孔：論詩與畫的界限》分析了詩歌和繪畫的表現差異。而黑格爾更直接聲明「藝術美」是心靈的產物，層次高過自然美，因此他的《美學》主要就是以「藝術美」為探討對象。

探討美感特質與經驗

面對同一件事物，為什麼有些人會覺得美，有些人覺得不美？為什麼人們會為了虛擬的故事而熱淚盈眶、陶醉忘我、或慷慨激昂？為什麼大調音階會讓人感到歡樂，而小調音階會讓人感到哀傷？這些問題都與人類的「美感」有關，也就是人類藉由生理和心理機制來認識、辨別「美」所形成的感受。自十八世紀之後，哲學家對於「美感」的興趣逐漸大過於「美」，與其相關的問題也成為美學中重要的一環。

美學的三大研究領域

美是抽象的概念，藝術是具體的形象。
兩者有交集，但並不直接等同。
美是藝術的精神之一，藝術是美的化身之一。

相關思考

- 美的本質和特徵是什麼？
- 美有哪些類型和典範？
- 美是主觀或客觀存在？
- 美與善、真等價值有何關係？

相關思考

- 藝術的本質是什麼？
- 各類藝術有何不同特質？
- 如何分辨藝術品的好壞？
- 創作者、藝術品與欣賞者之間有何關係？

美

藝術

美學

美感

藝術是一種活動，
而美感可以從藝術
活動中獲得。

相關思考

- 「美感」如何產生？
- 審美能力是先天還是後天的？
- 「美感」帶來哪些情緒反應？
- 「不美」的事物為何也會引發美感？
  舉例來說，為什麼有「缺陷美」或「荒誕美」？

美是一種特質或價值，
美感則是有關這種特質或
價值的認識與判斷。

「美學」因涵蓋最廣而成主流名稱

源自希臘文的「Aesthetics」一詞,在十八世紀中正式成為一門學問的專有名稱,逐漸被學者和大眾接受。而與它相對應的中文「美學」一詞則於二十世紀初從眾多譯名中脫穎而出,成為定名。

十八世紀中「美學」成專名

「美學」(Aesthetics)一詞源自於希臘文「αἰσθητικός」(aisthetikos),字根為「αἴσθησις」(aisthesis),意思是「感官知覺」(sensation),指用感官去感覺,和透過心智活動的理解方式相對。十八世紀,在理性主義與經驗主義兩股思潮相互爭鋒之下,德國哲學家鮑姆嘉登於一七五〇年首次以「Aesthetics」(拉丁文為Aesthetica,德文為Ästhetik)為名出版專書,正式將美學視為一門獨立的學科。

稱為「藝術哲學」更合適?

「美學」(Aesthetics)一詞由鮑姆嘉登提出後,並非立刻獲得所有人的認同。如十八世紀德國美學家謝林便採用「藝術哲學」一詞;又如十九世紀的大哲學家黑格爾儘管寫成《美學》一書,但他強調「Aesthetics」較精確的意義是「研究感覺和情感的科學」,而自己的專書是以具體的藝術美為對象,所以理想的書名應該是「藝術哲學」。不過他也承認,因為「美學」這詞已被一般人採用,所以自己還是拿它當做書名。從整體發展看來,「美學」一詞雖曾與「藝術哲學」相互抗衡,但因為其討論範圍更廣,可兼容藝術美和自然美,終於成為流傳廣泛的通說。

另派生出「藝術心理學」一詞

十八世紀的康德已開始探討美感在人類主觀心靈的作用,可說是日後心理學研究的前驅。而當心理學於十九世紀後期正式脫離哲學,成為獨立學科後,更促使二十世紀初期不少學者以「藝術心理學」為題,探討與藝術相關的種種創作與欣賞心理活動。然而這個名稱所包含的討論內涵比較狹隘,只涉及藝術中的心理活動;因此,至目前為止,「美學」一詞仍是包含內涵最廣,也最被人普遍接受的說法。

二十世紀「美學」成中文定名

十九世紀後半葉時,在日本和中國已分別有學者和傳教士相繼翻譯、介紹西方的「Aesthetics」學說,雖然日本學者中江兆民已嘗試譯成漢字「美学」,但並未引入中文世界。而中國對這門學科的譯名眾多,一時不能統一稱呼。直到王國維於一九〇二年正式提出「美學」的譯名並提出定義,才因為它簡明易懂,而在眾多譯名中取得優勢,廣為人知。

「美學」名稱的發展與傳播

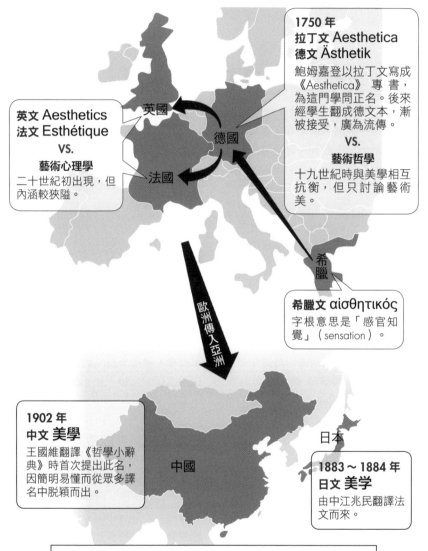

1750 年
拉丁文 Aesthetica
德文 Ästhetik

鮑姆嘉登以拉丁文寫成《Aesthetica》專書，為這門學問正名。後來經學生翻譯成德文本，漸被接受，廣為流傳。

VS.

藝術哲學

十九世紀時與美學相互抗衡，但只討論藝術美。

英文 Aesthetics
法文 Esthétique
VS.
藝術心理學

二十世紀初出現，但內涵較狹隘。

英國

德國

法國

希臘

希臘文 αισθητικός

字根意思是「感官知覺」（sensation）。

歐洲傳入亞洲

1902 年
中文 美學

王國維翻譯《哲學小辭典》時首次提出此名，因簡明易懂而從眾多譯名中脫穎而出。

中國

日本

1883～1884 年
日文 美學

由中江兆民翻譯法文而來。

「美學」(Aeshetics) 一詞較為人認同的原因

包含內含較廣，可兼談自然美與藝術美，也可包含與美感相關的活動。中文翻譯也一目了然，簡潔清楚。

立基於哲學而後呈現多元面貌

美學雖然新興於十八世紀,但它有自希臘時期以來悠久的文藝思想背景做為基礎,加上隨後哲學大家康德和黑格爾所做的貢獻,使它成為不容輕忽的一門學問,並隨著近代其他學科的發展呈現出多元的面貌。

以長期的文藝思想積累為基礎

希臘文明向來被視做西方文明的起源,其文化與教育的重心是史詩、神話、戲劇、音樂等文藝活動。在此背景下,希臘哲人對美與相關的文藝活動有所思索,其中以柏拉圖與亞里斯多德的「藝術模仿論」最具代表性,產生了深遠影響而成為美學傳統。再加上十四世紀興起的文藝復興運動,以及十八世紀的啟蒙運動,都為美學的正式成立奠定厚實的基礎。

於十八世紀成為獨立學科

在理性主義與經驗主義兩股思潮相互爭鋒之下,德國哲學家鮑姆嘉登於一七三五年開始提出將美學視為「研究情感的學科」的主張,並於一七五〇年正式以「美學」為名著書。鮑姆嘉登延續希臘字源的意義,認為美學(Aesthetics)是和邏輯學(Logic)相對等的學問。儘管希臘字源所指的「感性認識」是通稱人所有因感官知覺而產生的感覺;不過在鮑姆嘉登看來,人的感性認識能力所能達到的完善境界就是「美」。因此,他主張美學便是研究「感性認識的完善境界」,也就是研究「美」的一門學問。

在鮑姆嘉登之後,康德關注的焦點從「美」轉移到「審美判斷」,討論主體的審美經驗,也就是人如何判斷「什麼是美」的能力。他和鮑姆嘉登同樣看重審美判斷與認知判斷的對立;他強調,審美判斷是種情感判斷,不同於以知識為標準的邏輯認識。

至於肯定「藝術」是達到「絕對精神」的層次之一的黑格爾,認為藝術表現出人類整體社會文化的精神面貌,因此他的《美學》更聚焦於「藝術美」在歷史中的發展演變及特徵,認為藝術活動表現了人類整體社會文化的精神。經過上述學者的努力,美學的基本內涵獲得充實,正式成為和邏輯學、倫理學並立的重要類別,共同組成研究人類「知、情、意」的哲學系統。

十九世紀至今的多元發展

當許多學科於十九世紀從哲學分立出來,美學也漸漸開展出不同面向,可從心理學、社會學、文藝理論等各種角度進行研究,使美學包涵的思考議題更為豐富多元。美學這門成立不到三百年的學科,至今仍展現出驚人的潛力,未來發展值得令人期待。

美學的發展歷程及代表學說

藝術 模仿論為主　　**美** 以和諧秩序為主要特徵

時期	

希臘時期（西元前6世紀）

柏拉圖：現實世界是理型世界的模仿品，而藝術又是對現實世界的模仿，所以是第二層模仿。

亞里斯多德：美在事物的整體有機性和秩序安排中。

羅馬時期（西元前4世紀）

普洛丁：繼承柏拉圖的「理型說」，認為理型是一切美的來源。

西塞羅：美是事物整體中和諧比例與顏色的配合。

中世紀（4世紀）

聖奧古斯丁到聖多瑪斯：以上帝取代「理型」，美源自上帝。

聖多瑪斯：美具有「完整」、「和諧」、「明亮」三要素。

文藝復興（14世紀）

主要關注與藝術技巧相關的「模仿說」和形式之美。（16世紀）

奠基時期

建立時期

啟蒙時期（18世紀）

1750年鮑姆嘉登首次定義：美學是研究「感性認識的完善」的一門學問。

美感 1790年康德《判斷力批判》以「審美判斷」為重心理論。他關注主體的審美經驗，認為審美是人類對現象不帶個人利益考量地進行判斷的能力，而能因此給人愉悅感的對象就是美的。（19世紀）

藝術 黑格爾《美學》定義美是「理念（Idea）」的感性顯現。黑格爾關注藝術對人類社會文化精神的表現，認為藝術美是由心靈產生的美，因而高於自然美；而美學是以藝術美為主的學問。

發展時期

眾學科紛紛自哲學獨立，美學也跟著開展出多元議題。

哲學 談本質概念	心理學 談認知結構	社會學 重視社會因素	文藝理論 重視文藝活動
•克羅齊「直覺說」	•實驗美學 •精神分析	•馬克思主義	
•現象學 •詮釋學	•完形心理學	•法蘭克福學派	•接受美學 •符號論美學

（20世紀）

美學的研究方法

從「自上而下」轉為「自下而上」

美學本源出於哲學，到十九世紀時產生研究方法的轉向，也就是從據本質概念做推論轉為對經驗現象做歸納。整體而言，美學以哲學、心理學與社會學為三大研究途徑，而與文藝理論形成相輔相成的發展關係。

傳統哲學思維「重視本質」

從美學最初命名與建立過程，即清楚可知美學與哲學的密切關係，因為以「美」為核心、對人類感性認識進行研究的美學，正對應著和探究人類理性認識的邏輯學，兩者同樣屬於哲學「知識論」的範圍。

而且，十九世紀前的重要美學理論多半是由哲學家提出的。概觀各種由哲學家提出的學說會發現，他們的思考方式都是以邏輯思維推求本質，思考的問題也分別對應著哲學的三大傳統問題：如柏拉圖主張「藝術是對理型的二度模仿」帶有形上學的色彩；有關「人如何認識美」、「美感如何形成」等思考，便屬知識論的範疇；至於審美感受與道德判斷之間的關係，也就是美與善的思考，則與倫理學相關。二十世紀後，美學仍持續從哲學獲得養分，如以胡塞爾、海德格、梅洛龐蒂等人為代表的現象學，以及高達美的詮釋學，都為美學研究提供新的途徑。

心理學分析歸納審美經驗

於十九世紀後期正式成立的心理學對美學研究帶來新的激盪。由於人的美感也涉及感覺、知覺、想像等意識活動，因此，費希納首倡「實驗美學」，主張透過心理實驗觀察人們的行為，以歸納美感如何形成。他自稱這是美學研究方法從「自上而下」改為「自下而上」的轉向。

以韋特海默和阿恩海姆為首的完形心理學，也透過實驗歸納出某些知覺原則，如：與組織性有關的閉合律、接近律，與相對性有關的「形象－背景」關係，深入探討人由視覺知覺為主所產生的審美心理與認知反應。完形心理學尤其強調經驗和行為的整體性，認為人的整體思維並不等同各種片段知覺的總和。例如，我們對一朵花的認識，不只是眼前這朵花的形狀、顏色等感官資訊的總和，還必須加上過往相關的經驗和印象，才能形成完整的認識。

此外，精神分析學派也對美學影響深遠。佛洛依德提出人的行為皆與「無意識」相關，以此解釋藝術創作的內在動力；榮格又發展出「集體無意識」說，列舉出遍存於人類心靈的各種「原型」，也有助於我們理解夢、神話、文化儀式、乃至各類藝術品中何以常有放諸四海皆準的美感。

哲學研究法：「自上而下」

傳統的哲學思考途徑是從「從一般到特殊」，認為有普遍存在、具一般性的「美的本質」。

例 黑格爾《美學》中的思想體系。

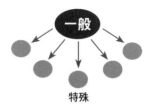

一般

特殊

Step 1	**Step 2**	**Step 3**
以邏輯思考掌握美的一般性本質	將普遍本質推及到個別、特殊事物中	盡可能推及到所有個別事物中，並建立起完整系統
例 認為美是「理念」的感性顯現。	例 將美區分出「自然美」和「藝術美」。	例 對「藝術美」的發展提出不同藝術類型，建立體系。

心理學研究法：「自下而上」

採取「從特殊到一般」的研究法，根據實驗對個別的經驗現象做出歸納。

例 費希納進行的「黃金矩形實驗」。

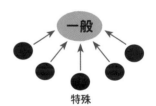

一般

特殊

Step 1	**Step 2**	**Step 3**
進行實驗	分析實驗結果	就經驗歸納出普遍性質
例 要求多名實驗受試者在眾多矩形中選出最美的一個。	例 發現結果大家普遍偏愛的矩形形狀極為相似。	例 歸納出這些矩形的長寬比都接近「1：1.618」的黃金比例。

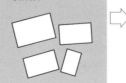

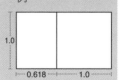

1.0

0.618   1.0

社會學思考藝術與社會的互動

自孔德於十九世紀初確立社會學的獨立地位後，學者開始思考社會環境與脈絡對於人類各式活動的關聯與影響，如丹納《藝術哲學》即從「種族」、「地理環境」、及「時代精神」三者為立論重心。

一般而言，藝術社會學注重的是藝術作品的生產、消費、傳播與接受等活動，與各種社會因素，如：歷史、環境、時代、民族、階級、文化、傳播媒體、藝術市場、消費型態、意識形態等之間的關係。這種研究方法從十九世紀開始興起，到二十世紀更擴大影響。如二十世紀以阿多諾、馬庫色、班雅明等人為代表的法蘭克福學派，承襲馬克思主義思想，對藝術品的複製與傳播如何影響人們藝術接受方式與效用等問題，進行深刻的省思與批判（參閱P208-211）。而布迪厄也從社會階級的角度切入，討論品味差異的問題（參閱P64、212）可以說，社會學的參與為美學研究帶來嶄新的思考方向。

美學與文藝理論的相輔相成

具有現代意義的「文學」（literary）觀念自十八、十九世紀在西方興起，逐漸發展出各種批評觀點與理論系統，並在二十世紀內促成文藝理論的更新，而與美學研究的發展有相輔相成的關係。

如英加登將現象學、詮釋學概念運用於文學批評，而啟發「接受美學」的成立（參閱P208-211）。又如索緒爾的語言學研究，帶動了形式主義、結構主義對文學、藝術中「符號」的本質、意義等問題的關注，更反過來影響美學發展，不僅形式主義學者貝爾定義了「美是有意味的形式」；之後更有蘇珊‧朗格承襲卡西勒的思想，將藝術視為是獨立的符號系統，建立起符號學美學（參閱P168-169）。而艾布拉姆斯的《鏡與燈》不僅簡明評述歷來的文藝美學思想，更歸結出「藝術四要素」為「世界、藝術品、藝術家和欣賞者」，建構了完備的體系架構，而幾乎可涵蓋各類文藝理論的思考層面（參閱P144-145）。

大體而言，美學和文藝理論同樣都以文學、藝術為具體研究對象，而文藝理論更以藝術品為核心，思考其形式、符號如何產生意義；這也反過來成為美學發展的重要助力。

社會學觀點 vs. 文藝理論觀點

社會學觀點：聚焦於社會脈絡

強調從社會因素與脈絡來思考藝術活動（包含生產、中介與接受）的意義，及人如何形成對美的認識。

例 馬克思主義強調經濟與階級因素對藝術的影響。

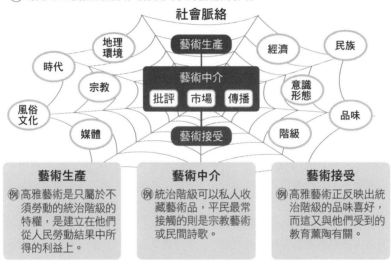

社會脈絡

藝術生產
例 高雅藝術是只屬於不須勞動的統治階級的特權，是建立在他們從人民勞動結果中所得的利益上。

藝術中介
例 統治階級可以私人收藏藝術品，平民最常接觸的則是宗教藝術或民間詩歌。

藝術接受
例 高雅藝術正反映出統治階級的品味喜好，而這又與他們受到的教育薰陶有關。

文藝理論觀點：關鍵為藝術品本身

文藝理論以藝術品為焦點，由此擴及藝術活動中四要素的互動關係。

例 艾布拉姆斯《鏡與燈》中的文藝理論。

藝術四要素

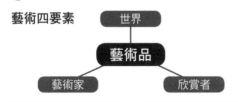

藝術品本身
例 思考藝術品本身的結構、形式、符號意義，強調藝術品本身就是獨立自足的存在。

藝術品與藝術家
例 藝術品往往充分彰顯作者的性情和氣質，如浪漫主義尤其強調天才及作者的自我形象。

藝術品與欣賞者
例 藝術品的意義有待欣賞者的探掘與發揚，也因此形成了同一作品在不同時空的評價差異。

藝術品與世界
例 藝術品可以反映現實世界的樣貌，或是時代的思潮，因而傳達出共通主題。

「美學」無所不在？
如何避免誤用「美學」一詞

日常生活中充斥著五花八門的「○○美學」，像是：旅遊美學、時尚美學、飲食美學、城市美學、居家美學……等，這些琳瑯滿目的詞彙是什麼意思？我們該如何判斷，才能避免誤用和誤解呢？

「○○美學」的說法有待檢驗

其實，這些廣泛使用的「○○美學」，有些是誤以「美學」之名來包裝「美」。以常見的「生活美學」一詞為例，國內建築美學家漢寶德便明確指出，一般使用「生活美學」一詞時，往往重視的是實踐，也就是培養生活美感，而不是指理論的探討，因此，不妨將「生活美學」的意思理解成「學習在生活中找到美」。

事實上，人們提及「生活美學」時，其實重點多在強調生活本身的美；然而，美並不等同於美學。的確，人人都有審美能力和審美經驗，但這不代表每個人都對美的事物與審美經驗的意義進行了反思。換句話說，我們可以獲得美感，並建立自己的審美偏好；不過，這不足以稱為嚴格定義的「美學」。

需觀察上下文脈絡進行判斷

嚴格說來，「美學」是關於美、藝術和美感的學問，也就是說，至少得對美與藝術的本質，以及人的美感受進行理性思考，甚至歸納出有系統、具普遍性的觀點，才能算得上是真正的「美學」。

那麼，哪些「○○美學」算是真正的美學呢？這的確是個需要仔細評估的問題；多半情況下，必須就人們使用「○○美學」時的語意脈絡進行判斷。即便是同一詞彙，在不同脈絡下也可能有不同意涵，有時是指美感培養，有時則是真正的「美學」。以「城市美學」、「旅遊美學」這兩個詞彙為例，如果只是談論在城市、旅行中發現到某些特殊的美，增加自己的審美經驗的話，便只是借「美學」來包裝「美」；如果這詞彙是想引發人思考以下問題：「人們在城市、旅行中得到的美感有什麼獨特的特質？」「為什麼這類的事物會引發人們的美感？」「不同時空背景下，對城市之美、旅行之美的想法有何不同？」那便可列入「美學」之列。

下次看到「○○美學」時，不妨先留意：這個詞彙是否可以代換稱作「○○的美」？還是指有關「○○」美的本質、藝術活動或美感等問題的思考？如此一來，便不容易將「美感」與「美學」混為一談囉。

如何辨認「○○美學」的意義

死亡美學　暴力美學　飲食美學　旅遊美學　居家美學　建築美學　生態美學　城市美學　時尚美學　道家美學　廢墟美學　電影美學　休閒美學　生活美學

想一想：這些詞彙想要表達的意思是？

- 是強調「○○」**是**「美的」嗎？
- 是説明「○○」**為什麼**是「美的」嗎？
- 還是以上兩種情況都有可能呢？

情況1

強調「○○」的美。

（例）

生活美學　飲食美學
居家美學

非嚴格定義的「美學」

只是用「美學」包裝「美」，以引人注意「○○」本身之美。

情況2

與「○○」美的本質、藝術活動或美感有關的思考。

（例）

道家美學　電影美學

是嚴格定義的「美學」

討論有關「○○」美的本質、藝術活動或美感的問題，或是專門領域、學科的美學研究。

情況3

難以單憑詞彙判斷。

（例）

生態美學　建築美學
廢墟美學　死亡美學
城市美學　旅遊美學
暴力美學　休閒美學
時尚美學

視語境脈絡決定

需就上下文的語意脈絡進行思考、判斷。

美學 vs. 美育
學會思考美？學著感受美？

十九世紀德國美學家席勒首次提出「美育」（aesthetic education）一詞，他的《美育書簡》是西方首部美育專著；不少美學家也都對美育的推廣相當關注，並建立自己的美育思想。「美育」和「美學」的關係究竟是什麼呢？

美學偏重思考，美育偏重實踐

儘管二十世紀的德國傳教士曾經將音樂繪畫等教育譯成中文「美學」一詞，但這樣容易混淆的譯名很快就被淘汰了。畢竟，做為教育類別的美育和做為研究類別的美學，兩者在性質上有根本的不同。美學重視的是理性的思考，目的在於探求人以「美」為代表的感性認識；也因此，美學不只研究「美」，還包含了人類其他類型的感性認識，如醜、悲劇、喜劇、崇高感等。相對來說，美育以陶養人的性情為目的，肯定美能陶冶人類心靈，因而想借重美的力量來進行情感、精神和品格教育。

簡單地說，美學偏重於思考，藉此對美與美感經驗的內涵有更深入、全面的了解；而美育則偏重於創作與欣賞的實踐，增加人的美感經驗與審美能力，發展更健全豐富的精神生活。

美學理論和美育活動相輔相成

釐清美學和美育的分別後，我們才能更清楚地了解兩者之間相輔相成的關係。一方面，美學研究所提出的觀點和理論，可以落實在美育推廣中，成為理論根源，以求更有效達到情感、精神、品格教育的理想目標；

另一方面，美育的推動也有助於人們培養敏銳的審美能力，激發出更多的美感經驗；而這些美感經驗，甚至是美感教育本身的實踐，又都豐富了審美活動的內涵與形式，可轉而提供美學研究對人類的感性認知能力與現象進行更深入的思考。

此外，美育與美學也可成為彼此的內容：美學研究包含探討各種美育活動或主張；而美育的推行有時也會引介基礎的美學概念做為理論說明。舉例來說，早在希臘時期，柏拉圖就曾在〈理想國〉篇中，針對當時繪畫、文學、音樂活動提出他的觀點，甚至主張應該對詩歌作品內容進行審查，只在「理想國」內留下內容良善、頌揚眾神和英雄美德的作品，以培養人們高尚的品格和正義的精神。這些主張，原本是針對當時藝術活動提出的批評，卻成了柏拉圖的美育思想；而他的美育思想，又成為後代美學研究的重要內容，甚至是後代美育實踐的基礎依據。

整體而言，無論是偏重思想探求的美學，或是偏向行動實踐的美育，兩者都有助於滿足人們心靈對於美的渴求，都是打造美好社會生活與豐厚精神文化的重要力量。

美學 vs. 美育

美學（Aesthetics）

- 研究類別，是一門專科學問。
- 以理性思考探求美的內涵意義。
- 目的是探求人以「美」為代表的感性認識。
- 強調對美的反思。

做為美育的
理論基礎

做為美學的
探討內容

美育（Aesthetic education）

- 教育類別，是一種學習科目。
- 以行動實踐體會美的感性力量。
- 目的是以美的力量陶養人的性情。
- 強調對美的欣賞。

因「西學東漸」而興起的美學熱潮

美學在二十世紀初從歐洲、日本陸續引進中國，在王國維和蔡元培等學者大力推動下，促成二、三○年代中國學界首次的美學熱潮；之後五、六○年代的第二波熱潮，則以美存於主、客觀為核心議題。

王國維提出「境界說」

王國維是首位正式採用「美學」一詞翻譯的中國學者，他喜愛康德、叔本華等人的美學思考，因而引介西方美學；更將美學概念運用到中國古典文學研究上，代表作為《紅樓夢評論》和《人間詞話》。

王國維最為人知的美學理論是「境界說」，他以「境界」說明中國古典文學的美學特徵就是景物和情感的融合統一。他指出，境界不僅指稱外在景物，就連人內在的喜怒哀樂等情感也可稱為心中的「境界」，因此，只要是能寫出真實景物、真實情感的人，都可稱為「有境界」。他並進一步區分出「有我之境」與「無我之境」，以及「造境」與「寫境」的異同。

蔡元培提倡「以美育代宗教」

蔡元培也是中國美學發展的重要推手。他先是透過日文翻譯接觸到美學，隨後至德國留學時更對以康德為代表的德國古典美學產生濃厚興趣。學成歸國後，他開始積極提倡美學研究，同時大力推動美育活動。他指出，美育是一種情感教育，是以陶冶感情為目的，具體方式則是透過美的事物來怡養人的性情。他最為鮮明的口號是「以美育代宗教」，並提出以下理由：一、美育是自由的，宗教是強制的；二、美育是進步的，而宗教是保守的；三、美育是普及的，而宗教是有界的。他的主張與推動對當時的教育方針與民風思想都有莫大的啟蒙力量。

中國兩次美學熱潮與論戰

在蔡元培的大力推動下，促成了二、三○年代間中國首次的美學熱潮，短短幾年間就有多本作者各異的《美學概論》問世，許多西方學者的譯著也紛紛出版；當時的教育、文化界中也掀起討論風潮，如朱光潛、宗白華等都是有名的美學家。

中國第二次的美學熱潮則在五、六○年代。起因是毛澤東提出「百花齊放，百家爭鳴」方針，鼓勵文藝和學術界進行不同意見的交流與爭論，從而引發學者在報刊雜誌上展開前後長達九年的熱烈論戰。在這場論戰中，分別有四種不同的主張，也就是：「客觀派」、「主觀派」、「主客觀統一派」和「客觀社會派」，無論是那一派別，都明顯反映出馬克思主義在當時學界的深刻影響。

王國維的「境界說」

境界說

- 古典詩詞的最高理想是「有境界」，
- 「有境界則自成高格，自有名句」。
- 「境」包含「景物之境」和「人之心境」，也因此，「能寫真景物、真感情者謂之有境界」。

境界的種類

① 有我之境

將自我的感情投射到景物中，使得「物皆著我之色彩」，和自己同喜同悲。

似西方移情說。

主觀詩

- 於動之靜時得之。
- 呈現出「宏壯」。

例 馮延巳〈鵲踏枝〉：「淚眼問花花不語，亂紅飛過秋千去。」

整體情境受到人物情緒的渲染，帶著濃濃哀愁。

② 無我之境

不強調自我，將自己視為是整體中與萬物平等的一部分，因而「不知何者為我，何者為物」。

似莊周夢蝶，物我兩忘。

客觀詩

- 於靜之靜時得之。
- 呈現出「優美」。

例 陶淵明〈飲酒二十首之五〉：「採菊東籬下，悠然見南山。」

人不是主角，而只是整體和諧的悠然情境中的一部分。

呈現的方式

① 造境

理想派

虛構之境的材料和構造亦從自然而來。

② 寫境

寫實派

自然景物間的相互關係或限制，在藝術中可被消除。

「二者頗難分別。因大詩人所造之境，必合乎自然，所寫之境，亦必鄰於理想。」

美是客觀存在還是主觀意識？

客觀派學者以蔡儀為首，他的代表作是一九四七年的《新美學》。他從馬克思哲學觀點出發，主張「美的根源在於客觀現實」，認為美是客觀存在於事物本身的，而人心中的美感不過是現實事物的客觀本質和普遍性形象的反映。

另一方面，主觀派以呂熒、高爾泰為代表，呂熒在一九五三年發文評論蔡儀的《新美學》時提出反對意見，主張美是一種在人的主觀中反映出社會物質基礎的觀念；一九五七年發表的〈美是什麼〉又重申「美是人的社會意識」的論點。高爾泰也主張事物中並不存在作為客觀條件的美，那些看似客觀的條件只有在事物能引起人的美感時才成立。

朱光潛：美在主客關係中

寫下《談美》、《文藝心理學》等名著的朱光潛則主張「主客觀統一」說。他認為美並非存在於客觀事物中，也不存在於主觀心靈中，而是存在於心與物的關係中。簡單地說，他思考的是美感經驗的問題。他以「花是紅的」與「花是美的」為例，說明前者屬於科學認識的範疇，後者則屬於審美範疇。換句話說，前者是客觀，而後者是主客觀統一的；因為「紅」是種存在於花中的客觀性質，但「美」則需要人的心靈與花的紅色產生關係，做出審美判斷。

李澤厚的「積澱說」

相較以上三者，李澤厚則著眼於「形式」和「群體意識」的交互作用，主張美是「客觀性」與「社會性」的統一。他強調，美在形式上有其客觀性；同時，人類歷史和社會文化的長期積累，也影響了美的客觀形式的產生，以及人對這客觀形式的主觀審美感受。在他看來，離開形式的話固然無美可言；但只有形式的話，也不能成為美。因此，他指出美之所以是「有意義的形式」，正因它是「積澱」了社會內容的自然形式。

李澤厚的論點與西方學者貝爾「有意義的形式」和榮格「集體無意識」說頗為對應。而且，還可上溯到黑格爾「美是理型的感性顯現」的辯證統一觀念，同樣是從人類整體社會、文化精神的層面來思考美的問題。

中國第二次美學熱潮中的各家學說

客觀

代表人物 蔡儀為首

主　張「美的根源在於客觀現實」，美的觀念是現實事物的本質和普遍性的形象的反映。

美的本質存在花中。

主觀

代表人物 呂熒、高爾泰

主　張 美是人的社會意識，是物在人的主觀中的反應， 客觀的美並不存在。

我覺得這花很美！

主客觀統一

代表人物 朱光潛

主　張 美不在客觀事物中，也不在主觀心靈中，而是在心與物的關係。強調美感經驗，認為美必須經過心靈的創造。

花有其客觀形式

 美在主客關係中

人有其主觀感受

審美的「積澱說」

代表人物 李澤厚

主　張 人類歷史和社會文化的積累，影響了人的主觀審美感受；同時，美仍有它的客觀形式；因此，美是「積澱」了社會內容的自然形式。

歷史積澱的社會內容 ＋ **客觀形式** ➡ **美的形成**

例 對動物圖騰的崇拜　　陶罐紋飾　　陶罐紋飾的流動之美

以融會中西的文藝美學發展最逢勃

台灣的美學研究上承王國維、朱光潛等學者的研究，加上對西方理論的援引，呈現出融會中西的發展面貌，在二十世紀七、八〇年代最為興盛，尤以文藝美學為代表，重要學者有徐復觀、王夢鷗、葉維廉、葉嘉瑩等人。

有關中國藝術精神的哲學思考

在五〇年代以來新儒家學者強調「生命之學」的努力下，「人文」、「生命」成為台灣學界思考中國美學核心精神的主要路徑。徐復觀於一九六六年出版的《中國藝術精神》便循此思考路徑而深具洞見地指出，中國藝術的性格是「為人生而藝術」，並具體表現為兩種藝術精神：一種是以孔子為典型的藝術精神，主要反映在儒家音樂思想與古典文學作品上；另一種是以莊子為典型的藝術精神，主要反映在中國繪畫作品上。

文藝美學的蓬勃發展

台灣美學研究中發展最蓬勃的是文藝美學，而首位傾全力進行文藝美學研究的學者當屬王夢鷗。他以「語言形式」為論述核心，五、六〇年代之際先後出版了《文藝技巧論》和《文藝美學》，不僅引介西方各種有關審美經驗的文藝理論，還融會運用中國傳統文學概念來完備其理論。八〇年代後他更對《文心雕龍》進行一系列研究，嘗試提出一套關於中國古典文學的美學理論。

六〇到八〇年代，學者紛紛援引各種西方文藝美學理論，並藉以探討中國古典美學的特質；其中，以六〇年代後興起的現象學美學研究風潮最引人注意。不僅徐復觀和海外漢學家劉若愚都不約而同以現象學詮釋《莊子》思想；更有葉維廉融會現象學與道家美學，分析中國古典詩歌的特殊語法，指出道家美學是中國古典詩歌的美學基礎，發展出具系統性的理論。

此外，葉嘉瑩雖然和上述學者取徑不同，提倡重新認識古典批評傳統的重要性，但同樣對文藝美學貢獻良多。葉嘉瑩繼承了王國維的「境界說」，強調古典詩詞的美學特質正在於「境界」，也就是「真切鮮明的表達與感受」，並據此發展出以審美主體（包含作者和讀者）的「興發感動」為核心概念的詩歌美學理論。

台灣美學研究的概況

台灣關於其他藝術美學的研究，如繪畫、書法等也紛紛在六〇到八〇年代奠定了基本論述。到了九〇年代，龔鵬程等學者也進一步對中國古典美學的研究方法提出反省與建議。至於劉文潭、史作檉、姚一葦等學者則長期致力於西方美學理論的引介與研究，寫作、翻譯多本重要論著，對台灣美學的發展也功不可沒。

台灣美學研究的發展

50年代

哲學 新儒家強調「生命之學」
- 奠定以「人文」、「生命」為根基的美學研究路徑。

繪畫 「國畫論戰」
- 「東方畫會」和「五月畫會」相繼成立，推動「現代畫」思潮，和傳統中國畫相抗衡。

文藝 以「語言形式」為核心
- 王夢鷗以「語言形式」為論述核心，嘗試建構以古典詩學為主的美學理論。

繪畫 現代畫論戰
- 「中國現代畫」以虞君質為代表 vs.「現代中國畫」以徐復觀為代表。

60年代

哲學 提出中國藝術精神
- 徐復觀以哲學史研究方式研究美學，主張「為人生而藝術」，提出孔子與莊子兩種典型的藝術精神。

哲學 劉文潭的美學研究
- 自 60 年代起，浸淫美學研究至今五十餘年，相關翻譯、論述作品豐富。

書法 書法美學的建構與突破
- 1976 年史紫忱首次使用「書法美學」一詞著書，較中國 80 年代興起的書法美學思潮更早。提倡「太極」思想及「彩色書法」理論。
- 1976 年墨潮會成立，提倡「現代書藝」。

70年代

文藝 援引西方理論
- 受西方比較文學思潮影響，運用現象學、詮釋學、結構主義、神話學、符號學、接受美學等理論，藉以探求中國美學的特質。
- 葉嘉瑩站在相對立場，重新提倡古典批評傳統，繼承「境界說」，提出「興發感動」的美學理論。

繪畫 重視藝術形式
- 蔣勳《美的沉思——中國藝術思想芻論》認為藝術形式的本質象徵是「文化符號」。

80年代

文藝 現象學美學的風行
- 自 60 年代以來陸續有學者引用現象學，尤其以 80 年代葉維廉提出的相關詩歌理論和道家美學研究最具代表。

戲劇 姚一葦的美學理論
- 從 60 年代翻譯、箋註亞里斯多德的《詩學》起，直到 90 年代長年致力於美學理論的研究，尤其在戲劇理論與創作上貢獻最深。

文藝 以抒情為古典文藝美典
- 高友工等學者開始重新詮釋中國古典的美感，逐漸發展出一套「抒情言志」的文藝美學觀。

90年代

文藝 提出方法論的反省
- 由龔鵬程率先對台灣美學既有的研究概況提出研究方法的檢討，其他學者也不約而同提出反省。

哲學 史作檉的美學理論
- 長年以宏觀視野融通美學、形上學、心理學，思索人類生存本質與議題，並兼及藝術評論與創作。90 年代後尤其專注於美學與藝術研究，至今著作豐碩。

中國古典美學的發展與特質

美學引入中國後引起的熱烈關注與討論，引發人們進一步思考：什麼是「中國」本身的「美學」？學者因此開始探本溯源，思考中國古典美學的獨特本質，並對源遠流長的中國歷史進行美學史研究。

中國古典美學研究的興起

二十世紀的上半葉，中國古典美學研究雖然還在起步階段，但學者已經陸續注意到古典繪畫、書法及音樂不同於西方藝術的獨到特色，研究成果可觀，為日後發展奠下良好基礎。如宗白華有關中國書畫「空間意識」的研究，提出以「道、舞、空白」為中國「藝術境界」結構特點，這論點至今仍予人深刻的感動與啟發。

在前人基礎上，八〇年代起陸續出現具系統性的中國美學史專著，如李澤厚的《美的歷程》，李澤厚與劉綱紀主編的《中國美學史》，以及葉朗的《中國美學史大綱》，這些著作都頗具代表性。

中國美學史的大致分期

關於中國美學史的分期，各家說法不一，大致可依美學發展區分出先秦兩漢、魏晉南北朝、唐至元代、明和清代等四大時期。先秦兩漢的美學以諸子思想為內容，尤以儒、道思想為關鍵。魏晉南北朝則是中國美學發展相當重要的轉變時期，此階段中，不僅文學、藝術的創作豐富且具有代表性，山水與人物之美也都獲得肯定，更出現許多重要的藝術批評理論與著作。之後，唐至元代的美學以詩、書、畫的創作與批評為主；相較之下，明清美學有更多元的發展，不僅對詩、書、畫做出具歸納性的美學論述，也發展出獨樹一格的戲曲、小說美學觀念，甚至將審美精神落實於日常生活中，如園林美學就是這時期的重要代表之一。

中國古典美學交織著儒道精神

一般而言，中國美學思想的兩大重要根基，是儒家重視的禮樂教化之人文之美，與道家追求的自由逍遙之審美精神。它們共同交織成中國美學獨特的審美態度，對後世詩、書、畫理論影響深遠。

中國美學的另一特徵在於，常在某範疇內開展出一系列名稱相近的概念，如以「氣」為中心，即有「氣質」、「氣勢」、「氣韻」、「氣象」、「骨氣」等用詞。乍看之下，這些詞彙似乎有些含糊，不易清楚界定它們的內涵；但這絕不意味著中國美學是概念模糊的；相反地，這些詞彙正開顯出古典心靈對宇宙、人世與藝術的印象式理解，我們如果能好好地加以感受、體會，就能欣賞中國美學的獨特面貌。

中國美學發展與代表

先秦兩漢

以諸子思想為核心，尤以儒、道思想為關鍵，奠定中國美學的基礎。

代表
- 儒家重視音樂教化，有《荀子・樂論》與《禮記・樂記》等經典。
- 《易傳》提出「象」這一重要範疇。
- 漢代的「氣論」也已具系統。

魏晉南北朝

中國美學發展相當重要的轉變時期。文學、書畫的創作豐富且具有代表性，山水與人物之美也都獲得肯定，哲學清談中也出現「言意」、「形神」等美學命題。並出現許多重要的藝術批評理論與著作。

代表
- 人物品鑒：《世說新語》描繪眾多人物神態、性情之美。
- 文學理論：鍾嶸《詩品》、劉勰《文心雕龍》。
- 繪畫理論：顧愷之人物描繪的「傳神寫照」，宗炳山水審美的「澄懷味象」、謝赫六法之首的「氣韻生動」。
- 書法理論：書聖王羲之尤其擅長行草，並提出書法理論。
- 音樂理論：嵇康〈聲無哀樂論〉。

唐宋元

承繼魏晉南北朝的成果，並吸收佛教思想運用至詩歌評論中。詩詞、書畫的創作與理論成果皆豐碩可觀。

代表
- 文學理論：唐代發展「境論」；另有司空圖（託名）的《二十四詩品》提出各種風格典範。宋代詩學追求「平淡」之美。

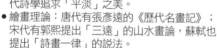

- 繪畫理論：唐代有張彥遠的《歷代名畫記》；宋代有郭熙提出「三遠」的山水畫論，蘇軾也提出「詩畫一律」的說法。
- 書法理論：唐代書學受皇家支持而盛行，各種書體都有名家。宋代文人書法愈盛，並建立完整的書論體系。

明清

美學發展更為多元，除傳統文人詩文、書畫的創作與理論外，還有興起於明代的戲曲、小說美學，而園林美學也反映文人致力於生活中落實對美的追求。

代表
- 「復古」、「童心」、「性靈」、「格調」、「神韻」等文藝美學論點相繼提出。
- 戲曲、小說美學家以李漁、金聖嘆、張竹坡為代表。

Chapter 2
「美」的奧妙

在希臘神話中，一顆給「最美的女神」的金蘋果，挑起了三位女神的戰火，更引發了著名的特洛伊戰爭。「美」就像是這顆金蘋果，千古以來，人們始終為它爭論不休。「美」是主觀還是客觀？是絕對還是相對？人們向何處尋找、如何發現美的存在？它和真與善的關係又是如何？人們對於這些問題的熱切探問與思索，正證明了美的魅力歷久彌新。

學習重點

✔ 什麼是「美」？

✔ 中、西方如何決定「美」的名稱呢？

✔ 美可依對象分成哪些類型？黑格爾為什麼認為藝術美高於自然美？

✔ 美和哪些感官知覺有關？

✔ 美與真、善之間有什麼樣的關係？

✔ 在客觀與主觀的爭論中，學者對「美」的認識經歷了什麼樣的轉變？

✔ 哪些學派或學者主張美是絕對的？又有哪些代表主張美是相對的？

✔ 美有什麼作用呢？

「美」的定義

「美」無關現實利益，但令人愉悅

美是什麼？這是千古以來的大戰問。若要打個比方，「美」或許像是披著朦朧面紗的美人，散發著無法言喻的魅力，雖然難以一探她的真面目，卻足以令人感到精神的愉悅。

難以說明的「美」

我們雖然可以輕輕鬆鬆舉出千百種美的事物，但卻難以為「美」找出一個放諸四海皆準的定義。即使古希臘哲學家柏拉圖早就在〈大希庇阿斯〉中指出「個別事物之美」與「美本身」的不同，並嘗試對「美本身」下定義；但幾經思考，最後他還是不得不放棄，感嘆諺語所說「美是難的」一點也不假。

到了啟蒙運動興盛的十八世紀，崇尚理性力量的哲學家仍然難以用理性思維來定義美，而同意美是難以言喻的。德國理性主義哲學家萊布尼茲便提到：畫家和其他藝術家們雖然可以清楚意識到自己對某些藝術品的好惡，評論美醜，但問起理由，他們卻常難以說明箇中緣故，往往回答，那些他們不喜歡的作品中缺乏一些「我說不出的什麼」（法文為「je ne sais quoi」）。也就是說，雖然「美」可以被人具體感受到，但它本身卻是不可言說的存在。

美能喚醒心靈的熱情

「美」雖然一言難盡，但可以肯定的是，它能帶給人們愉快的感受。這種快樂並不是由於美滿足了人們任何現實需求；與此恰恰相反，「美」並不能帶給人們任何實際的益處。但「美」最可貴之處，就是它明明沒有實際益處，卻仍能帶給人精神上莫大的愉悅與感動。

紀伯倫在《先知》中對「美」的說明也非常具有啟發性：「美並不是一種需要，而是一種狂喜。它不是乾渴的嘴唇，也不是伸出來的空手，而是一顆燃燒的心，和陶醉的靈魂。」的確，美不能滿足人們對現實利益的基本需求；但這無關現實利益的美卻可以直接喚醒人們心靈的熱情，令人感受到生命與世界的多彩多姿。舉例來說，短暫燦爛的煙火、滿天繁星的夜空，或壯闊綿延的峻嶺，雖不會讓人變得聰明、健康或富有，卻予人無限感動。

因此，我們不妨說，美是無關乎現實利益或經濟價值，而足以令人感到愉悅、帶來心靈滿足的存在。

「個別事物的美」不等於「美本身」

指出個別事物的美是容易的，但說明美本身的性質是困難的。

悠揚的琴聲

高雅的舞姿

簡練的建築

鮮美的花束

妙趣橫生的畫作

光彩奪目的飾品

這些事物是**美的**，但 ≠ 美

美應該有的特質
- 無實用性，無關現實利益。
- 滿足人的精神需求，令人感到精神的愉悅。
- 通常具有和諧的形式。

「美」的名稱由來

中、西方如何為「美」命名

人們如何為美命名？英文為何稱做「beauty」？中文的「美」本意又是什麼？中西方語言為「美」命名的原因與名稱轉變的過程，正反映了人們對「美」的概念的認識與改變。

以「beauty」代表視聽之美

古希臘人以「κάλλος」一詞來指稱「美」，其用意廣泛，不只可指稱事物形貌、色彩或聲音等具體可知的美，更可以指稱美妙的思想和美善的道德或風俗，如柏拉圖便用它來指稱美好的法律。同時，古代希臘文中同時還用συμμετρία來表示視覺對稱之美，άρμονία來表示聽覺和諧之美。但後來人們逐漸減少使用其他指稱美的詞彙，開始傾向採用κάλλος一詞來表達所有透過視、聽而給人愉悅感的東西。中世紀時，人們則使用拉丁文pulchritudo以延續希臘文κάλλος的意涵；文藝復興後又以bellitudo取代了pulchritudo，成為日後義大利文bellezza、西班牙文belleza、法文beauté、英文beauty等系列詞彙的起源。

值得注意的是，近代之前關於「美」的詞彙，在各語言中往往分成名詞和形容詞兩種：如古希臘文的κάλλος（美）和καλός（美的），拉丁文的pulchritudo（美）和pulcher（美的），以及bellitudo（美）和bellus（美的）；都以名詞或是定冠詞加上形容詞的方式來代表抽象的美的本質，以形容詞來形容個別事物的美，這反映了人們在概念上對「美」本身與個別事物的美是有所分別的。

中文「美」反映美善社會風俗

相較於西方語源的幾經轉變，以象形文字為特色的中國文字，自古至今一貫使用著「美」字。美字的本義，傳統採信東漢許慎《說文解字》中「羊大則美」的說法，將「美」解釋為羊肉味道之「甘」，並且在解釋「甘」字時也以「美」做解釋。更值得注意的是，這段解釋中也提到「美與善同」，是顯然是認為美、善兩者意義相近。

不過，隨著甲骨文字的出土與研究，美的本義出現新的解釋。從「美」的甲骨字形來看，像是戴著美麗頭飾的人正在舞蹈的樣態；因而有人提出「羊人為美」說，考慮到古代巫術祭典文化，認為這人物是頭戴羊頭或羊角，具有特殊地位或能力，可以主持祭祀儀式者。另外，也有人認為頭飾是羽毛，但無論頭飾到底是何物，可以肯定的是，能戴上這美麗頭飾的人物，必定具有特別的身分地位。總而言之，不管是「羊大為美」或「羊人為美」，兩種說法都顯示了：中國古代人們對「美」的思考總是與社會風俗、價值密切相關。

中、西方為「美」命名的緣由

「beauty」家族的族譜

希臘時代	古代至中世紀	文藝復興	近代

希臘文
κάλλος

- 本泛指眾多美的事物、風格、行為、思想。
- 後來逐漸偏指透過視、聽予人愉悅感的狹義的美。

拉丁文
pulchritudo → bellitudo

- 兩者均意同希臘文 κάλλος。
- 文藝復興期間，bellitudo 取代 pulchritudo 之後，成為 beauty 等近代詞彙的語源。

近代印歐語系

- bellezza 義大利文
- belleza 西班牙文
- beauté 法文
- beauty 英文
- Schönheit 德文

} 源出拉丁語

VS.

中文「美」造字緣由

說法1 「羊大為美」
據《說文解字》

「美，甘也。從羊大。羊在六畜主給膳也。美與善同意。」

說法2 「羊人為美」
據甲骨文字形

冠戴美麗頭飾的大人物。頭飾可能是羊頭、羊角。

中西字義比較同異

同 都反映出美和善的關聯性。

異 西方「beauty」關乎視、聽覺，無關於味覺。
中文「美」字的本義和視覺、味覺相關。

美從何處尋？
美出現在藝術、自然、社會中

一提到美，浮現在你腦海中的是什麼？是鬼斧神工的雕刻，是奼紫嫣紅的花海，或是見義勇為的美德？美雖然有千姿百態，但如果加以分類，大抵不出藝術、自然、社會三類。

藝術美

藝術美是指各種藝術或人工作品所顯現的美。西方美學的研究多以藝術美為重心，尤其以黑格爾的《美學》最具代表性。黑格爾認為藝術美高於自然美，因為藝術美是心靈的產物，藝術形式的創造見證了心靈活動的自由。他強調，和自然相較起來，心靈才是真實的、可涵蓋一切的，也因此，只有從心靈產生出的美才是真正的美。

如此看來，藝術美所具體呈現出的心靈之美，不僅反映了藝術家個人的心靈狀態，也同時反映出人類心靈對自然美與社會美的領會、轉化與創造。因此，藝術美可以說是最典型的美。

自然美

自然美是指自然景象、事物的美。包括日月星辰、山川名勝、花草鳥獸、人體型態，甚至是略經人工安排的園林、盆景等。在柏拉圖看來，自然的

藝術美 vs. 自然美 vs. 社會美

三種都需要經過心靈的作用。

藝術美是直接從心靈產生出的，所以最美！

黑格爾

藝術美

以各類藝術型態呈顯出的美，如音樂，舞蹈，建築、雕刻、繪畫、詩篇、戲劇、攝影、電影的美。

例 傳達人類精神樣貌的藝術作品。

美是因為它直接模仿了理型，也就是因為接近絕對的真實而顯得美。

值得注意的是，黑格爾認為，自然本身其實並無美、醜可言；只有人們將心靈的美反映在自然中時，才會感受到自然的美。所以，嚴格說來，自然也得經過人們心靈的作用，才能顯現它的美麗。

中國對自然美的重視也和黑格爾的論點相互呼應。如宗白華所說：「魏晉人向外發現了自然，向內發現了自己的深情。」自魏晉以後，中國人不僅詩歌、繪畫多以自然美景為主題，也發展出「以山水悟道」的審美觀，探尋自然景色中蘊藏的精神之美。甚至，《世說新語》中還經常以「如瑤林瓊樹」、「朗朗如日月之入懷」，「巖巖若孤松之獨立」、「傀俄如玉山之將崩」等自然景色來讚揚人物，肯定自然事物和人一樣有獨特風采。

社會美

社會美是指人類社會生活中各種行動、事物、現象中呈顯的精神的美，如孔子所說的「里仁為美」就是一例。一般而言，人們往往以「善」做為標準，來判斷社會中某些民俗風情或言行舉止美或不美。不過，隨著不同時空中的社會共識與道德標準的變化，社會美的內涵也有所差異。

自然美

由存在於自然世界中各種生物、景色所顯現的美，如人體的美，日月山川的美，草木鳥獸型態的美。

⑳ 山嵐氤氳之美。

社會美

在人類社會中各種反映人類美好、良善精神的思想或行動，如人格情操的美，人際互助的良善，反映時代精神與社會理想的美好思想。

⑳ 消防員奮勇搶救火災現場。

美流轉於眼耳鼻古身之間

西方自古便將人的感官區分為高級感官和次級感官，認為美只與視覺、聽覺有關，
與嗅覺、味覺、觸覺無關；但中國古典美學則有不同看法，發展出獨到的「滋味說」。

聲色之美最受重視

柏拉圖在〈大希庇阿斯〉中區分出高級與低級感官，並介紹某派說法認為「美是由視覺和聽覺所生的快感」。之後斯多葛學派也主張「美是具有合適比例與誘人色彩的東西」，使這說法逐漸成為共識。如中世紀時聖多瑪斯·阿奎那斯提出美的三要素，其中兩項就是「適當的比例或和諧」與「明亮」，同樣認為美來自於視覺和聽覺。

文藝復興之後，因繪畫藝術的高度發展，美與視覺形象的關係日趨密切，如當時學者費啟諾便宣稱，美與視覺的關係更勝於聽覺。而至今我們提到「美術」時，也常指的是造型藝術。同時，以音樂為代表的聽覺之美也持續受到美學家的青睞，如尼采就相當看重呈現出酒神精神的音樂，叔本華、阿多諾等人的美學理論也都以音樂為論述核心。

至於中國古代，也同樣以聲色之美為主。而且儒家思想似乎更加欣賞聽覺之美，如孔子便以「成於樂」做為君子修身的最高境界；而儒家經典《樂記》也是中國第一本有關藝術思想的專論。

以「味」為美

儘管早期西方人認為味覺與美無關（所以英文以delicious而非beautiful形容美味）；但後代美學家多借用實際的味覺感受來指稱抽象的審美判斷能力，如休謨、康德都相當重視「品味」（taste，德文為Geschmack）對美的鑑賞作用。

而味覺在中國古典美學思維中更一向獲得重視。孔子曾以「三月不知肉味」形容〈韶〉樂之美；道家思想也強調「味」，從而發展出中國獨特的「滋味」審美思想。「味」所描述的不只是味覺之美，更用來形容音樂、文學、繪畫中難以言說的美。

觸、嗅覺之美

此外，儘管觸、嗅覺在西方被歸為次級感官，但十六世紀的英國學者柏克已注意到觸覺和視覺的美能給人同樣的愉快感，並指出：令人感到美的事物應具有平滑的特質。至於嗅覺，雖然少見相關的美學討論，但嗅覺之美卻常如普魯斯特《追憶似水年華》中描述的，是生命中難以磨滅的記憶，甚至如徐四金《香水》所形容的，美得令人陷入瘋狂。可見無論是何種感官，都能夠引領人們發現美。

美與各種感官的關係

高級感官
視覺、聽覺

- 與所接受的對象相隔一定的距離即能感受美，不必將實際的形象或聲音占為己有。
- 容易超越對欲念、功用等考量，引起人的精神性反應。

「腦袋是靈魂居住之處，而眼睛是靈魂之窗，比其他感官更高尚。」

柏拉圖

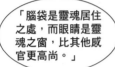

眼─視覺

耳─聽覺

觸覺和視覺在辨識對象的能力上極為相似，給人同樣的愉悅感！

柏克

低級感官
嗅覺、味覺、觸覺

- 必須與接受對象直接接觸、占有對象後才能產生美感。
- 具有維護人們生命安危的作用，如苦、臭、刺的對象往往對人體有害，易引起生理的不適反應。
- 若能拋卻實用的利益考量，也可透過這些感官感受到美。

中國將味當成某種審美標準。

鼻─嗅覺

中國人

舌─味覺

西方人

手─觸覺

西方以「品味」的判斷能力來形容審美鑑賞。

三大普世價值的交融

「真、善、美」三重奏的中西演繹

真、善、美是普世追求的三大價值,也是重要的三大哲學命題。無論中西,自古以來對三者關係皆多有討論,「美」也逐漸脫離傳統以真或善做為其內涵的概念,站穩自己的獨立地位。

西方追求「真理」之美

柏拉圖在〈會飲〉中曾提到追求美的依循途徑,認為如果能依此逐步發展,最後就能夠「豁然貫通於涵蓋一切的、以美為對象的學問」。但他所謂「以美為對象的學問」,其實是指「探求真理的哲學」。換句話說,對相信有永恆「理型」存在的柏拉圖而言,真理就是至高無上的美。也因此,柏拉圖在〈大希庇阿斯〉中提到:知識是最美的,而無知是醜的。

後代學者繼承了這樣的說法,如十七世紀的法國古典主義者布瓦洛在《詩藝》中,便將「真」理解作自然的「理性」,而將美與真並舉,主張「只有真才美」。至於以「藝術美」為美的主要內涵的黑格爾,也曾指出:藝術的使命就在於揭發真理。

西方從一統美善到美善分論

「善」是社會性的價值,只要是對人有益、合乎人們理想目的的事物,便可稱做善。古希臘時期,蘇格拉底就是著眼於美與善的統一性而提出了「效用說」,他認為,當我們判定某件事物美不美時,不能不考慮它的效用,也就是使用目的和價值;因此,美必然是合乎某種效用。舉例來說,就防守效用論,盾是美的,矛是醜的;若就攻擊效用說,則盾醜、矛美。柏拉圖也強調美的「合目的性」,主張善總是美的。亞里斯多德同樣認為美是一種善,而美之所以引起愉悅感,正因為它是善的。

中世紀的聖多瑪斯·阿奎那斯也分析過美與善的同異。他和亞里斯多德一樣從「愉悅感」著手,認為美與善都予人愉悅感,而愉悅感是一種善的表現,所以美就是善,而且美與善同樣以形式為基礎。但他也注意到兩者的不同之處,指出:善是人們努力追求的目的對象;美則是種無關占有的認識對象。

隨著十七世紀啟蒙思想的逐漸萌芽,學者更開始發展出美與善各自獨立的論述。如霍布斯將善區分出「預期中的善」、「在效果上的善」、及「做為手段的善」三種類別,認為只有第一種「善」才是「美」,他的主張已經顯露善和美兩者分論的跡象。經過之後學者的相繼努力,美才終於與善脫離關係,被肯定是無關實際利益的獨立存在。

西方對真、善、美三者關係的思考發展

真	美	善

- 蘇格拉底主張「善即是美」，認為美是「合目的性」的、有益的。

- 柏拉圖以理型做為他真、善、美合一思想的根源，主張真理、知識是美的；也強調美的「合目的性」，主張善總是美的。

中世紀

- 普羅丁為理型增添神學色彩，認為真實就是美。

- 聖多瑪斯·阿奎那斯分析美與善同異，美與善都予人快感，同樣以形式為基礎。但善是人追求的目的；而美是無關佔有的認識對象。

17世紀

- 英國經驗主義學者霍布斯區分出三種類別的善，指出只有第一種善才是美，也就是說，美是預示著善的內容的表現形式。

預期中的善	效果的善	手段的善
與期待相對應的表現形式，也就是美。	期待得到得滿足後的愉快。	實現目的有效方式。

- 布瓦洛在《詩的藝術》中主張「只有真才美」。

- 大陸理性主義學者史賓諾莎偏向強調美與善的關係。

18世紀

- 夏夫茲伯里和哈奇生主張善惡、美醜都由「內在感官」來分辨，認為道德感和審美感受都是人與生俱來的能力。

- 康德提出著名的三大批判，他的體系分別對應真、善、美三種價值。至此，美的獨立地位正式獲得肯定。

認識論 — 真	美學 — 美	倫理學 — 善
《純粹理性批判》	《判斷力批判》	《實踐理性批判》
討論知性	討論判斷力	討論理性

中國以「任真自然」為美

中國古代也有「真」即是「美」的思想，但不同於西方將「真」理解為「真理」，中國將「真」理解為自然而然的天性、真情。如《莊子·漁夫》中提出「法天貴真」的觀點，認為「真」是受之於天、不可變動的精誠天性，所以「聖人法天貴真，不拘於俗」。也因此，在莊子思想影響下，中國形成以「任真自然」為美的傳統，也就是欣賞自然流露的個人真實天性之美是。

如魏晉時期的竹林七賢往往「越名教而任自然」，率性自然地展現個人性情，而為人景仰頌揚。明代的文藝理論家李贄更提出「童心」說，指出「童心」就是「真心」，主張文學創作應該以表達個人的真實情感為重，才能寫出「存真去假」的佳作；之後的公安派又進一步提倡「性靈說」，認為「真文真詩」皆出自於人的「真性真情真才真識」，所以創作應該不拘俗套，自抒胸臆，發展個人的獨特個性。

儒家的終極理想是盡善盡美

如果說以真為美的觀念是受到莊子思想的影響，那麼，「美善合一」的觀念則可說是儒家美學的主調。孔子相當強調美與善的統一，如論音樂，他對創作於舜時期、頌揚堯舜禪讓天下之精神的「韶樂」給予「盡善盡美」的評價；至於頌揚周武王討伐紂王、一統天下的功勞的「武樂」，孔子則認為雖然它在形式上盡美，但內容上並未盡善，而略遜一籌。對孔子而言，唯有形式之美與內容之善達成統一，才是「美」的最高境界。

孔子認為美與善的統一更體現在人的表現上，如他所說的「里仁為美」、「君子有成人之美」，顯然都是指與善相合的美。至於孔子主張的「文質彬彬」，也仍然是強調內容與形式的統一，認為君子正是外在言行舉止的表現能合宜反應其內心道德品格的人。

而儒家「盡善盡美」、「文質彬彬」的思想，不僅形塑了中國以「以和為美」的審美理想，也成為後代文藝理論的重要基礎。如司馬遷《史記》評論《詩經》與《楚辭》時說：「《國風》好色而不淫，《小雅》怨悱而不亂，若《離騷》者，可謂兼之矣。」又如唐宋古文運動主張的「文以載道」，都明顯受到這種思想的深刻影響。

中國美學對真、善、美關係的思考

美善合一

以儒家美學為基礎，認為善是為美的內容。

例 孔子評價韶樂是「盡善盡美」，武樂只是「盡美未盡善」。

vs.

韶樂

是舜帝時的音樂，頌揚堯舜禪讓天下的精神。

武樂

是周武王時的音樂，頌揚周武王討伐紂王、一統天下的精神。

真情為美

以莊子思想為基礎，認為自然而然的天性、真情是美。

例 魏晉時期的名士王子猷一時興起，便在雪夜搭舟訪友，之後又興盡而返，未與友人相見也無所謂。率性自然地展現個人性情。

因一時興起，便在大雪夜裡搭乘小舟，前去拜訪在遠方的友人。

過了一夜才到，卻在友人家門前折返，不去拜訪。認為興致已盡，未相見也無所謂。

美學發展的轉向①
美從客觀論轉為主觀論

早期學者往往主張美是存於事物中的客觀特質，像是比例、形式，或是某種永恆不變的精神；十七世紀後則興起美是心靈的主觀認識的聲浪，揭示了美學從客觀到主觀的研究轉向。

畢達哥拉斯學派重視比例之美

早期西方人往往認為美的根源在事物本身，將美視為是一種存在於事物本身的客觀特質，認為擁有這種特質的事物就是美的，否則就是不美的；並因此試著從客觀事物的某種屬性或特徵中發現美的本質。其中，最早的代表當屬西元前六世紀的畢達哥拉斯學派。

他們認為世界是由「數」所構成的，因而認為美的本質與數與數之間的和諧有關，主張美是適當合宜的比例。他們並以音樂為例，指出音樂的美正在於和諧，也就是將眾多對立的因素加以協調統一；並且發現了「黃金比例」的存在。「美是一定比例、秩序的形式」這樣的說法，成為後代相當重要的基本概念。

柏拉圖主張「美是理型」

柏拉圖認同畢達哥拉斯學派的想法，認為某事物之所以是美的，是因為它具有客觀的美的本質；而這與他整體的哲學系統密切相關。他提出了「理型世界」（或稱為「理念」）的存在，認為「理型世界」是永恆、絕對、且完美的存在，而現實世界不過是對它的模仿。在這「理型世界」

中有「美的理型」，也就是「美」本身，它是永恆不變、絕對的美，而且是不依賴於具體事物之美而獨立存在的。

換句話說，柏拉圖將「美」本身視做是客觀存在的精神，是一切美的事物的根源，是各類美的事物之所以為美的關鍵。他指出，現實世界中的美的事物是對美的理型的模仿，各種不同事物的美不過只是美的理型的反映，但現實世界的模仿並不完美，必然受限於現實中的各種條件或因素，不具有普遍性與永恆性。

古代長期重視客觀形式之美

畢達哥拉斯學派對「形式」的重視，以及柏拉圖的「理型」說成為美學客觀論的重要基石，影響深遠。如亞里斯多德同樣主張美出現在一定的大小和有秩序的安排中，指出美的主要形式特徵是「秩序、勻稱、明確」。稍後的斯多葛學派也將美歸於形狀、色彩、比例、秩序等客觀形式，肯定美在於事物的各部份共同組成的整體比例之中。至於古希臘的雕塑藝術所呈現的人體，也同樣呈現出秩序、比例、和諧之美。

客觀論的兩大基礎：畢達哥拉斯學派和柏拉圖

西元前 6 世紀前後 **畢達哥拉斯學派主張「美在比例」**

畢達哥拉斯學派從數學關係去探討美的規律，提出了「黃金比例」的觀念。按照這比例關係組成的事物，常讓人覺得美，可見美常與事物內部關係的和諧有關。

黃金比例 the Golden Ratio

一條線段切分成長（x）、短（y）兩段，使「（x＋y）：x＝x：y」，就形成「1.618:1」的「黃金比例」。

例 帕德嫩神廟（Parthenon）的建築結構（廟柱）合乎比例。

例 達文西《維特魯威人》（Uomo vitruviano）描繪出人體的黃金比例。

例 近代科學家更發現，自然界中也存有「黃金比例」的蹤跡，像是螺類的生長曲線。

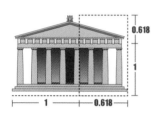

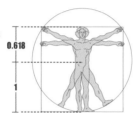

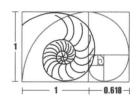

西元前 4 世紀前後 **柏拉圖主張「美是理型」**

理型世界
永恆不變的真實存在，可用理性掌握。
例 有種理想完美的圓形概念。

靈魂在進入身軀前居住在理型世界，當人們在現實世界中遇見美的事物時，靈魂會喚起對理型美的回憶。

模仿

現實世界
流動不定的變動世界，可用感官理解。
例 現實世界中存在各種盡量接近理型的圓形事物。

模仿

藝術
對現實世界的模仿，和理型又隔了一層。
例 藝術中各種圓形的物品，是對現實事物加以模仿變化的產物。

柏拉圖

51

中世紀初期的普羅丁更以「神」的概念來宣揚「理型」說，主張各種事物的美都是接受、分享了神（理型）的「放射」所致，因此強調美的「整一性」，也就是以完整的形式為美。之後的聖奧古斯丁除了仍將「整一、和諧」當做是美的形式要素，又另外指出「悅目的顏色」是美的條件之一。甚至，更進一步明確提出「美在上帝」說，認為上帝是「絕對美」的根源。

而中世紀後期的聖多瑪斯‧阿奎那斯談論美時，不僅維持傳統對完整、和諧的重視，更將前人約略提及的光輝鮮明視覺感受正式列入美的客觀形式，提出他著名的「美的三要素」：「完整、和諧、明亮」（integrity or perfection，proportion or harmony，brightness or clarity），可說是集大成者。總而言之，從古希臘到中世紀，始終以客觀之美的論述為主流，美總是與比例、秩序、均衡、和諧等觀念緊密結合在一起。甚至到了文藝復興時期，藝術創作仍相當看重形式之美。

經驗主義強調美是主觀的感受

到了十七、十八世紀，經驗主義學者開始有了不同的思考方式，更關注於人的經驗和認知，因此，認為「美是人類心靈主觀感受的印象」的學說逐漸興盛起來。

在這從客觀論向主觀論的轉變歷程中，首先值得注意的是十七、十八世紀之交的夏夫茲伯里和哈奇生的「內在感官」說。夏夫茲伯里主張美是靠「內在感官」來辨別的；也就是說，人天生就有辨別美醜的心理能力。哈奇生接續夏夫茲伯里的學說，指出「美」並不是透過視、聽、嗅、味、觸五種外在感官，而是用內在的「第六感官」來辨別的；可以說，美是一種心靈的知覺，它和其他由外在感官所得到的冷、熱、甜、苦等感覺相類似。

哈奇生等人的主觀論看法，在十八世紀中由經驗主義者休謨繼續加以發展。休謨完全否認美的客觀性和絕對性，更直接表示：美不是事物本身固有的性質，它只存在於觀賞事物的人的主觀心靈中。他不僅將美歸於主觀的心靈所有，更指出美的本質是一種愉悅感，和喜歡、厭惡等情感感受一樣是憑著「人心的特殊構造」產生作用。也因此，他認為每個人心中所感受到的美是不同的，同一個事物可能讓某人感覺到美，卻也可能同時讓另一個人感覺到醜。並且，即使是許多人同時感覺到某一件事物的美，但他們或許都各自有著不同的欣賞理由。可以說，休謨是美的主觀論的最佳代言人。

西方美學主觀論的代表人物與學說

17 世紀末 夏夫茲伯里主張「內在感官說」

- 辨別美醜是與生俱來的能力。
- 有立即性，且比較容易察覺在變化中具有一致性的對象。
- 不過，教育和習俗也可以產生影響。

哪一朵花是美的？

18 世紀中 休謨主張「美是主觀的愉悅感」

- 美不是事物本身固有的性質，它只存在於觀賞事物的人的主觀心靈中。
- 每個人心中所感受到的美是不同的，同一事物可能同時讓某人感覺到美，讓另一個人感覺到醜。
- 同樣感到美的人，可能會有不同的欣賞理由。

這盞燈座美嗎？

線條很優美！

過度裝飾，不美！

結構和諧，美！

美學發展的轉向②
美是主客觀的統一

關於美的討論經過從客觀到主觀的轉向後，十八世紀起開始出現兼容並蓄的論點，從狄德羅、柏克，到康德和黑格爾，都在主、客觀間尋找尋平衡點，終於，以主客合一論為普遍共識。

狄德羅：「美在關係」說

十八世紀重要的啟蒙主義者狄德羅提出了「美在關係」說，他將主客體之間的「關係」當成是美之所以為美的根本原因，認為美因關係而產生、變化、衰退、消失，而不存在著絕對美。

狄德羅首先根據主體和客體的關係將美分成兩種類型：「外在於我的美」是具有喚起我的知覺能力、但還未與我發生關係的美，因為它不隨著人們的意識或觀點而改變，所以又稱「實在的美」；「關係到我的美」則是已經和我發生關係的美，又稱做「見到的美」。

也因此，他的「美在關係」說同樣是從客觀和主觀兩方面來談：一方面注重事物各部分之間的客觀形式關係（實在關係）；另一方面強調人藉由感官注意到事物本身的主觀關係，也就是人的悟性和事物間必須形成覺知關係。

總體而言，狄德羅以「美在關係」強調，美必須憑藉人的感官接受客觀事物的作用而產生的感覺才能形成，但並不是僅憑藉感官的直接作用就能自發地形成。也就是說，「見到的美」和「實在的美」的區別，只在於人與物之間是否產生覺知關係；但人們在察覺到事物的美時，主觀的感覺並未對這事物本身進行任何增減。

可注意的是，狄德羅提出兩組美的對照觀念。首先，從主客關係來說，實在的美與見到的美相對。其次，他也考慮到人可以察覺到不同事物之間的比較關係，因此，從事物之間的關係來說，實在的美又和相對的美相對。他並舉例說明，人們如果與一條魚產生關係時，所覺察到的美可說是它實在的美；但如果人們將牠和其他同類的魚、所有魚類、不同的動物、甚至所有自然物相比，都可以得出不同的美、醜結論，而這些都是「相對美」。

柏克：從主觀感情談美的特質

十八世紀的柏克是英國經驗主義美學的集大成者。他不認同美的本質是客觀存在的「比例」，而認為美是經由感覺的介入而在人類心靈上運作的某種特質，也就是物體中能引起人們產生愛或類似感情（愉悅感、滿足感）的特質。柏克的主張兼顧了美的主、客觀特質：一方面，他和休謨一樣，從主觀感情的角度來談論美，重視人們因美而表現出的心理反應；另

狄德羅的「美在關係說」

外在於我的美

對照①
每種事物本身內在結構所具有的關係,如秩序、安排、對稱。

例花本身的花瓣對稱,層次分明。

實在的美

花瓣排列有序。

對照②
各事物之間有關係,但彼此並無優劣比較。

例屬於同一品種的兩朵花開花樣貌各不相同。

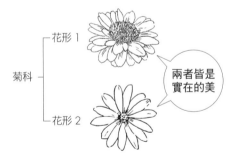

花形 1

菊科

花形 2

兩者皆是實在的美

關係於我的美

對照①
人們借助感官而以悟性注意、察覺到事物的美,但人的感覺並沒有對這事物本身進行任何增減。

例花在人的眼中如實呈現的美。

見到的美

對照②
由人考慮一種事物與其他事物的關係後,而得出相對美醜的比較結果。

例一朵花可以在同品種中是美的或醜的,可以在不同花類中是美的或醜的,可以在植物中是美的或醜的。

三者皆是相對的美

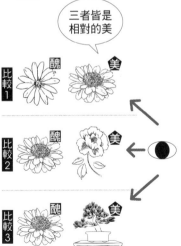

醜 美

比較1

醜 美

比較2

醜 美

比較3

一方面，他也對那些可引起人們美感的對象所具備的客觀特質進行分析。總而言之，柏克已透露出從主客體統一的角度立論的趨向。

康德：美是審美判斷的對象

康德調和了經驗主義和理性主義對美的思考，提出關鍵的美學主張。延續「美是主觀判斷」的主觀論點，他在《批判力批判》中進一步聚焦於「人如何認識到美」，將討論焦點從「美」轉移「審美判斷」。

康德並不直接探討「美」是主觀或客觀，而是先指出「審美判斷」的特質，再據此定義做為審美對象的「美」。一方面，康德認為人們天生的審美判斷能力是主觀的情感判斷，不是知識或概念的理智判斷，而其產生的美感是無關利益的愉悅感；因此，美就是能令人感到無關利益的愉悅感的對象，不是某種客觀概念。但另一方面，康德也強調審美判斷必然能在人心中產生作用，而具有普遍性；所以做為其判斷對象的「美」也同樣有普遍性。此外，康德也就審美主體與對象的關係，指出美是本身無目的卻合乎主觀目的性的形式。

總體而言，康德對美的討論是建立在主體對具形式的對象所進行的審美判斷上。一方面，美因為是主觀情感判斷的審美對象，所以不是客觀的理性概念；但另一方面，美同時對應了審美判斷遍存於人心的普遍性，而且又具有形式，所以也非單純只是主觀的存在。

黑格爾：美是主客觀的統一

黑格爾是繼康德之後重要的哲學家，在他以「絕對精神」為核心的哲學體系中，美學也占有重要的一席之地。黑格爾以藝術美為思考對象，認為美是理念（即「絕對精神」，也就是人類精神中最高的真理）的感性顯現。這思想基本上是承繼柏拉圖的「理型」概念而來。不過，他在肯定美以客觀的絕對精神為依歸的同時，也強調美必須有具體的外在形象；換句話說，只有當絕對精神的內涵具體體現為可經由人的感官所認識到的感性形式時，才形成了美。

值得注意的是，比起康德主要從個人的審美判斷談起，黑格爾則偏向從社會文化的整體精神來討論。黑格爾認為，做為真理的絕對精神是存於人心中、使人追求理想生活的推動力，也因此可說，絕對精神是主觀的內容；同時，人們心中的理念又必須落實在現實世界中，成為外在的客觀存在。簡單地說，黑格爾正是透過這樣的辯證性思考，而認為美是主客觀的統一。

主客合一說的美學代表

康德的主張

偏向從個人層面進行討論

康德不直接探討「美」是主觀或客觀，而是先指出「審美判斷」的特質，再據此定義做為審美對象的「美」。

審美主體

人們天生具有的能力，是種情感判斷。—— 審美判斷

進行判斷 →

審美對象

事物形式

當事物形式合乎主觀的審美目的時，同時形成：

是無關自身利益的愉悅感。—— 美感 ＋ 美 —— 是主觀審美判斷的結果，不是客觀的理性概念。

黑格爾的主張

偏向從社會層面進行討論

對美的定義與其整體哲學系統相關，主張「美是理念（絕對精神）的感性顯現」。認為理念是存於人們心中的主觀存在，它必須落實在現實世界中，成為外在的客觀存在。

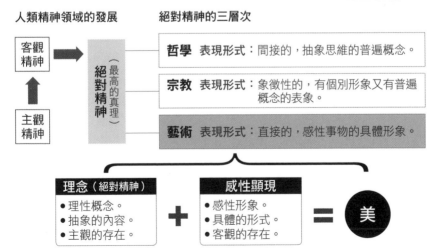

人類精神領域的發展

客觀精神

↑

主觀精神

絕對精神（最高的真理）

絕對精神的三層次

哲學 表現形式：間接的，抽象思維的普遍概念。

宗教 表現形式：象徵性的，有個別形象又有普遍概念的表象。

藝術 表現形式：直接的，感性事物的具體形象。

理念（絕對精神）
- 理性概念。
- 抽象的內容。
- 主觀的存在。

＋

感性顯現
- 感性形象。
- 具體的形式。
- 客觀的存在。

＝ 美

流轉於絕對與相對之間的「美」

美是一種普遍永恆的絕對價值呢？還是隨著歷史情況和人的立場、性格而有所變更的相對價值呢？這問題在美學史中往往伴隨著美的主、客觀論而形成不同見解。

絕對論以柏拉圖為代表

主張美是某種客觀特質者，多半認同美的絕對論。最典型的代表是柏拉圖，他認為美的理型是絕對的美，無論過去、現在或未來，是永恆不變、放諸四海皆準的美。中世紀的普羅丁也著眼於「絕對美」的存在，認為現實事物之美是分享了理型美的放射所致，並因此獲得整體形式。「絕對論」是美學史上影響甚大的說法，即使後來黑格爾以「絕對精神」代替了理念和上帝，但他仍然肯定有一種絕對的精神存在，可做為美的依據。

相對論以蘇格拉底為先聲

雖然「美具有相對性」的論點在美學史中曾相對式微好一陣子，但其實蘇格拉底的「效用說」早已帶有相對論的色彩。他認為，事物究竟美不美，端看它是否在某情境中對某人適當地發揮效用；所以隨著效用的不同，同一事物可以既是美的也是醜的。十七世紀後，「相對論」重新獲得經驗主義學者們的重視與提倡，和「美是主觀」的論點相互支持。

絕對美與相對美有層次之分

值得一提的是，文藝復興以前關於美的學說雖然以絕對論為主流，但人們並不否認相對美的存在。如聖奧古斯丁以「理型說」為基礎而提出的「美在上帝」說，既將上帝視為是美的絕對根源，也以此解釋「相對美」的存在。他認為，當上帝將自身的整一性投映在現實事物上，原本雜亂的事物便具有「寓雜多於統一」的和諧美；但這種和諧只是事物最接近上帝絕對美的模樣，而不等同於祂，所以是相對的美。

絕對與相對僅是不同分類

經驗主義者哈奇生認為絕對美不是存於事物中的某種性質，美的事物也不可被理解為自身就是美的，而無關於知覺到它的心靈。他認為絕對美和相對美都是人們從事物中感覺到的美，而且都以「包含多樣性的一致性」為基礎，而他們之間的差別只在於「是否模仿、反映其他事物（某種自然對象或既定觀念）」：模仿他者的是相對美，不模仿他者的是絕對美。哈奇生並強調，即使原本事物不美，但描繪得好就可以是美的；也就是說，相對美不需要以絕對美為模仿對象，兩者並無層次高低之別。

絕對美和相對美的爭論發展

柏拉圖　美是絕對的

從形上學的角度來看，美是理型。理型的美是一種客觀存在的特質或精神，是絕對的，永恆不變的。

形而上
理型世界

形而下
現實世界

無法複製

蘇格拉底　美是相對的

從觀念論的角度來看，美在效用。美的東西只是對於某一目的而言顯得美。

攻擊時

防禦時

美

美

聖奧古斯丁　絕對美與相對美並存，有層級之別

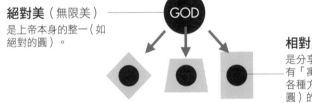

絕對美（無限美）
是上帝本身的整一（如絕對的圓）。

GOD

相對美（有限美）
是分享了絕對美的事物，有「寓雜多於統一」（如各種方框中的都有相同的圓）的和諧美。

哈奇生　絕對美與相對美是不同分類，無高低之別

絕對美
- 不是對其他事物模仿或反映，只從事物本身就看得出來。
- 如大自然之美、科學定理、和諧的聲音等類型。

相對美
- 對其他事物（某種自然對象或既定觀念）的模仿或反映。
- 如藝術作品，或是可類比人類情緒的其他事物。

愛美是人人與生俱來的需求

對美的渴求，或許是人們最難以抵抗的天性，就像是中國漢代樂府〈陌上桑〉中，羅敷的美使得「耕者忘其犁，鋤者忘其鋤。來歸相怨怒，但坐觀羅敷」，擾亂了日常耕作進度；又或者像是引起特洛伊戰爭的絕世美女海倫，一現身，便平息了舉城人民對戰事的不滿，心甘情願為她傾國傾城。

現代心理學家馬斯洛的「需求層級理論」（hierarchy of needs）也注意到人對美的需求。他的理論說明了人的需求有層次之別，愈下層的需求愈應優先得到滿足，然後才逐級上升。不過，從最基礎的「生理需求」到最頂層的「自我實現需求」，都是人們與生俱來的需求。其中也包含了「審美需求」，在馬斯洛看來，其層級之高僅次於「自我實現需求」。可見愛美是人們天生的需求之一。甚至，人們愛美之心的強烈，有時還可能勝過了對基本生理、安全需求的滿足，如特洛伊人民對海倫之美的仰慕便是明顯的例子。

反思「美的經濟學」

那麼，為什麼人們需要美？會不會是因為它具有什麼作用呢？的確，在日常生活中，面容姣好、打扮入時的人容易受人歡迎；包裝美麗、造型時尚的商品容易刺激消費；但這不過說明了美具有強大的感染力，並不意味著美本身是以實用性為特徵的。換句話說，不管是改變商品包裝以刺激消費，打扮得宜以爭取工作機會，搭建別緻民宿以促進觀光，這些現象都只是在有意、無意間運用了人的愛美之心，希望藉此達成其他目的或效益。但不可諱言，這類「美的經濟學」的各種運用在今日社會中是隨處可見的。

美引人進入逍遙自在的境界

如果一定要指出美有什麼作用，不妨借重莊子的智慧來說明，美就像是那棵長在無何有之鄉、廣漠之野的大樹，它雖然不能提供人們實際的效用，但是卻足以讓人感到一種精神上的滿足，讓我們的心靈能暫時從人間的功利中獲得解放，進入到無所拘束、逍遙自在的精神境界，與天地萬物共邀遊。可以說，美正因為它的無用，而顯現出最大的作用。

美的無用與有用

美的無用之用

審美需求無關占有，卻能令人感到精神上的滿足。

VS.

例 春日到郊外賞花。

美的經濟學

是利用人的愛美之心達到其他目的或效益，但並非真正美的作用。

例 店家聘請帥哥擔任服務生。

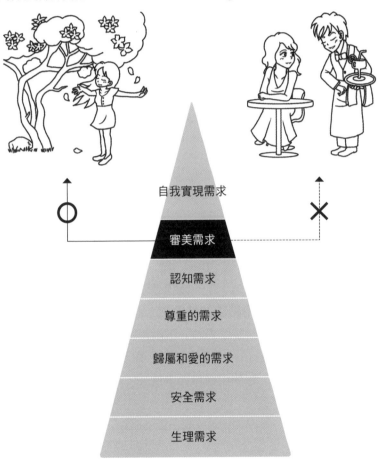

自我實現需求

審美需求

認知需求

尊重的需求

歸屬和愛的需求

安全需求

生理需求

馬斯洛的「需求層級理論」：

- 「審美需求」是次高的需求層級。
- 人有各種需求，必須先滿足下層的需求才能發展上一層的需求。

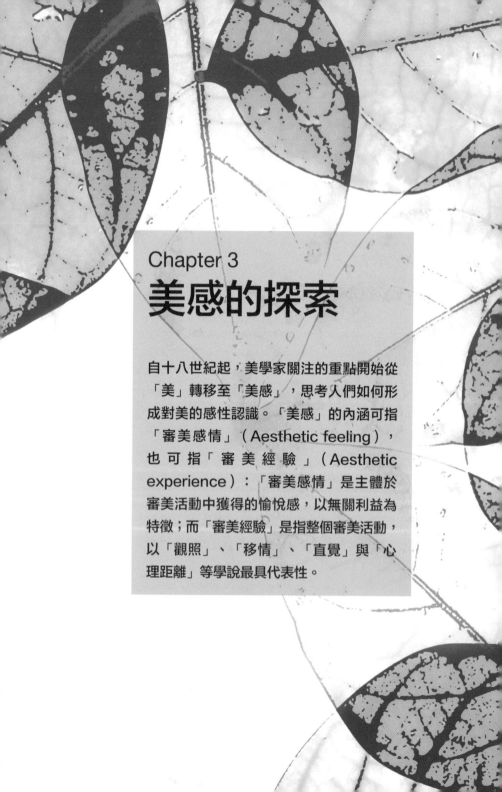

Chapter 3
美感的探索

自十八世紀起，美學家關注的重點開始從「美」轉移至「美感」，思考人們如何形成對美的感性認識。「美感」的內涵可指「審美感情」（Aesthetic feeling），也可指「審美經驗」（Aesthetic experience）：「審美感情」是主體於審美活動中獲得的愉悅感，以無關利益為特徵；而「審美經驗」是指整個審美活動，以「觀照」、「移情」、「直覺」與「心理距離」等學說最具代表性。

學習重點

✓ 康德為什麼說「審美判斷」是種情感判斷？

✓ 「美感」是一種愉悅感，那它和「快感」有什麼不同呢？

✓ 完形心理學的「異質同構論」和皮亞傑的「發生認識論」，如何幫助我們理解美感的形成？

✓ 叔本華的「觀照說」內容是什麼？

✓ 「移情說」在西方美學歷經哪些發展過程？而中國古典美學有什麼類似的看法？

✓ 克羅齊為什麼主張「直覺即表現」？

✓ 布洛為什麼說要保持不遠不近的「心理距離」才有美感？

品味是易受後大影響的鑑賞能力

隨著人們從對美的認識從客觀轉為主觀，十八世紀的休謨討論了「品味」（taste）這種鑑賞能力。雖然現代學者對於「品味」的意義有所反省，但休謨的主張也啟發了康德進一步對人的審美能力進行思考，從而建立起「美感」的相關學說。

品味可透過練習而提升

十八世紀的英國經驗主義學者休謨從審美主體的角度討論美的問題，他的理論核心是「品味」（taste）。他指出，品味是人們藉由想像而「產生美與醜、善與惡的情感」的鑑賞能力，具有一般性原則，可當成普遍的審美標準。但是，由於人們先天不夠敏銳善感、後天抱持偏見或是缺乏訓練，使得品味難免因時代、習俗和個人性情的差異而產生分歧。對此，休謨指出，如果想要落實人性原本共有的品味，那麼人可以透過訓練或學習，使自己的感受更加敏銳，並拋除偏見，以提升自己的品味。

品味象徵社會階級的審美偏好

然而，在傳統社會中只有具備一定社會、經濟地位的人才能享受教育和藝術，也才講究品味。二十世紀的學者因此對品味進行反思，強調人們的品味總是受到教育、經濟、文化等後天因素的影響而形成不同的選擇偏好，象徵著社會階級的差異，如美國學者范伯倫便指出，富人階級的審美品味與其「炫耀性消費」的財力展示密切相關。

法國學者布迪厄的學說更具代表性。他主張，人們社會地位的高低同時取決於「經濟資本」（財富、物產、收入）、「文化資本」（教養、知識、文化）的多寡。布迪厄進而指出，不同階級有不同的品味，而各個階級（尤其是上層階級）總是想強調自己品味與其他階級品味的區別，以展現自己的獨特性，因此形成各階級間的品味較勁，如雅俗之爭就是鮮明的例子。

美感不受品味左右而人人共享

儘管休謨認為品味有普遍性，但是他的觀點卻有意無意間流露出品味偏好易受後天環境、條件影響而有高下之分的傾向。在他之後，康德則以「審美判斷」來說明人人共享都有獲得美感的審美能力。如果要簡單地說明品味與美感的關係，不妨說：品味或許難免反映出階級偏好的差異，但美感是不分階級、超越品味，人人都能感受到的、無關利益的愉悅感；而美感的持續積累與嶄新刺激，也有助於品味的形成與變化。

品味與美的關係：品味的養成與轉變

- 品味的養成易受到文化、環境、教育等後天因素的影響。

  例 上層階級的群眾從小接觸各項古典藝術。

  例 黑人群眾從小在街頭玩耍活動。

  例 普羅大眾的群眾從小看電視、聽廣播。

- 不同階級因此會有不同的品味，形成階級之間品味的較勁。

  例 上層階級的品味偏好為優雅的芭蕾舞。

  例 黑人群眾的品味偏好為自由的街舞、嘻哈音樂。

  例 普羅大眾的品味偏好為流行文化的音樂。

- 新的審美經驗與學習帶來了品味的轉變。

  例 不同群體互相接觸、欣賞不同的文化藝術後，品味可能有所變化。

  好驚人的爆發力！原來舞蹈可以這麼自由～

  旋律好聽又容易唱，嗯～令人感動！

  舞姿優雅極了，真美！

人可透過學習、訓練，使自己具備敏感想像，
在拋除偏見後，落實人性中原本共有的品味。

什麼是美感？
美感是無關個人利益的愉悅感

康德的論述為美學發展帶來重大轉折，將美學的思考焦點從「美是什麼」轉移到「人們如何認識美」。他對「美感」的討論始終是從人們的認識能力來談，強調它是主觀的感性判斷後的結果。

康德：美感來自於感性判斷

康德認為「審美判斷」（aesthctic judgement）是人們與生俱來的能力，人們藉此對事物進行無關利益的感性判斷，而「美感」是在人對事物進行審美判斷後獲得的感受。正因為事物的美醜都需要經過人的感性判斷，所以美並不是存在固著於外在事物中的客觀性質；也就是說，只有當人們從某事物感覺到「美感」時，才能說那對象是美的。

美感是種無私趣的滿足

康德主張，從「質」來看，美感首先是愉悅的情緒感受，更重要的是，美感是種「無私趣的滿足」（disinterested satisfaction），是無關自身利益的愉悅感。也就是說，當我們判斷某件事物為美，而因此產生愉悅感的時候，我們並不關心它對任何人有什麼益處，或是它有什麼目的、意義或重要性。

就像朱光潛〈觀看一棵古松的三種態度〉中提到的，當人們抱持著不同態度來觀看古松，自然會形成不同的感受。如果是以審美態度觀看古松，便不會去想它是什麼種類？能帶來什麼利益？而只是就古松的外型、生存樣態進行審美判斷，並獲得美感。

美感是主觀的，但具有普遍性

就「量」而言，康德認為，美感是帶有普遍性的主觀感性判斷結果。乍聽之下，「普遍」和「主觀」似乎相互矛盾：既然是主觀判斷，美感如何能具「普遍性」呢？

康德說明，既然美感是無關於個人自身利益的愉悅感，就表示這種愉悅感與每個人各自受限的條件無關，審美判斷也不是建立在個人的愛好或利益上。因此，人們總期待審美判斷「理應」在人類心靈中發揮普遍的作用，眾人「理應」得到類似的美感。總而言之，康德指出，由審美判斷而來的美感對人們來說之所以有普遍性，是因為每個人在形成美感時總會在主觀上「要求」別人的「理應」贊同，也就是期待這美感對每一個人都有普遍的有效性。

基於美感具有普遍性的觀點，康德同時強調美感和只從感官獲得的快感是不同的：快感會隨著人的感官能力而有所差異，人們也不會期待別人和自己有同樣的感官感受，因此快感並不具普遍性。

審美態度與其他態度的差異

美感 以審美態度欣賞松樹。

瞧它顏色蒼翠、姿態蟠屈、氣概昂然，這古松真美！

將古松視為是獨立自足的存在，專注體會它的存在。

知識判斷 客觀、理論的科學態度。

這是一種針葉、毬果的長青植物。

將古松視為是追求普遍性知識的中介物。

利益考量 實用的態度，以經驗為基礎。

好木材！應該可以賣不少錢！

將古松視為是追求利益的手段。

此外，康德也聲明美感的普遍性和邏輯判斷的普遍性之間的差異。審美判斷不是以客觀概念為根據，而是以主觀感性為依據的感性判斷，而且只是做為對象的個別事物和做為主體的個人之間的互動而已。也就是說，人的審美判斷以及美感雖然有普遍性，但是任何的審美判斷都只是獨立、個別的單一判斷，而且只對主體的感性有效，並沒有一套關於美的客觀鑑賞規則；而不同於邏輯判斷的普遍性是以抽象的客觀概念為根據，對客體和主體都普遍有效，不論多少次都必然得出相同的判斷結果。

康德並舉例說明審美判斷和邏輯判斷的差異：如果我們凝視著單一的玫瑰花，認為它是美的，這就是審美判斷；但我們如果是在累積多次賞花都感到美的經驗後，認定玫瑰花普遍來說是美的，這樣便是將一次次的審美判斷歸結為「概念」而進行邏輯判斷了。

審美對象的形式「合目的性」

從「關係」來看，康德仍再次強調，審美判斷無關於任何主觀利益考量的目的，也就是主體並不拿審美對象達成任何目的；並且，審美對象也不帶任何客觀目的，無論目的是外在的功用或是內在的完善。不過，儘管讓人們感到美感的對象本身沒有目的，但人們卻可以單純因審美對象的形式感到愉悅，感覺到它的形式好像符合人們主觀情感上的某種目的一樣。換句話說，美感對象具有「合目的性」的形式。這個定義雖然著眼於審美對象的特質而非美感本身，但康德仍再次強調了美感無法脫離主、客體的互動關係。

美感因「共通感」而有必然性

最後，從「方式」來看，康德認為美感具有必然性，其關鍵在於我們會預設人人都有「共通感」（common sense）。也就是說，當我們覺得某一事物是美的，總會認為「人同此心，心同此理」，別人也必然會贊同這個想法而有相同美感。康德強調，這種主觀的必然性只能稱做「示範性」（exemplary），因為這只代表了我們認為他人「理應」贊同這樣的美感，不等於他人「將會」這麼做。

總結上述，可見康德始終是緊扣著人們的認識能力來談論「美感」，強調它是一種主觀的情感判斷，但同時也指出它在人心中具有的普遍與必然性。

康德對美感的定義

審美判斷

- 是種感性判斷。
- 以主觀情感的「愉悅與否」為判斷依據。
- 對主體而言具普遍性。

美感

- 是人以天生的審美判斷能力所形成的主觀情感，不是理性概念。
- 可從質、量、關係、形式四方面來定義：

質 美感是種「無私趣的滿足」。
例 欣賞風景可以帶給人們精神上的愉悅感，
但不會為個人帶來任何實際利益。

量 美感不是客觀概念，但具有主觀的普遍性。
例 想拍下照片和朋友分享眼前的美景，不是
因為景物存在美的客觀概念，而是因為我
們主觀預期朋友也會覺得這風景真美。

關係 美感對象沒有目的，但其形式合於主觀目的
有「合目的性」。
例 我們不需要去思考風景存在的目的，就能
感覺到山巒綿延、雲煙繚繞的形式好像符
合我們情感上的某種目的。

方式 美感因人們預設人心有「共通感」而具有主
觀的必然性。
例 覺得眼前的風景美得令人感動，我們會預
期「人同此心」，因此來自世界各地的遊
客也一定和我「心同此理」。

美感與快感相同嗎？

從少女之美引發的爭論

無論是遊賞風景，享用美食，甚至是行善助人，都能讓人感到愉悅；但是這些愉悅感都是相同的嗎？且看康德如何仔細區分三者的差異。

欣賞少女之美是美感或快感？

十九世紀英國學者曾經說過：「我從沒有看過一座希臘女神雕像有一位血色鮮麗的英國姑娘的一半美。」朱光潛批評英國學者是將具有誘惑性的少女給人的快感誤認為美感。不過，台灣美學學者漢寶德並不認同朱光潛將少女之美歸類為由誘惑而產生的快感。究竟美感和快感有何不同？而少女的美又該算是快感還是美感呢？

三種不同的愉悅感

我們可以借重康德的學說來思考這個問題。康德將愉悅感（pleasure）區別為三種：①單純因感官達到的生理快感、②因善而產生的道德愉悅感、③美感。他指出，能引起這三種愉悅感的對象也帶給人不同的情緒反應：給予感官快感的東西使人滿足，善的東西受人尊敬，美的東西使人喜愛。生理快感有關感官的占有，是生理欲望的滿足，因善產生的愉悅感有關於道德倫理的贊同，是理性欲望的滿足；這兩種都涉及了對象和我的利益關係，所以是「不自由的愉悅」。

相對而言，美感則無關任何利害關係，也無關占有，僅是對事物進行審美的觀照，因此是「自由的愉悅」。換句話說，美感無關於生理、道德上的滿足，而是一種自由的、無關利益的愉悅。

美感是無關占有的愉悅感

釐清三種愉悅感的分別後，我們便能了解，美感雖然是種愉悅感，但它和快感有所不同。快感是純粹因生理感官的滿足而產生的愉悅，像是在炎炎夏日享受冰涼的飲料，或是在飢餓時飽食大餐，這些都是快感。

至於美感，雖然也以感官為媒介，但並不是由於感官的需要被滿足，而是如康德所說，必須經過感性判斷（也就是審美判斷）才感到愉悅。舉例來說，看到一朵花時，首先感受到的是它的色彩、形狀、香味，之後還要透過審美判斷認識到它的美，才感到愉悅。

因此，回到少女之美是快感、還是美感的問題，不妨這麼說：如果觀賞者看到的是少女的性感誘惑，便是以滿足生理欲望的渴求為立足點，那麼就偏於快感；相反地，若僅就少女的容貌、身姿進行審美判斷而無關占有時，那麼就偏於美感。

生理快感 vs. 道德愉悅感 vs. 美感

| 與對象的關聯 | 獲得途徑 | 情感類型 |

生理快感

有利益關係，人占有的物質對象可滿足生理欲望。

例 又熱又渴。

不自由的愉悅

直接由視、聽、嗅、味、觸等感官得來。

例 一口氣喝光冷飲。

滿足的快感。

例 解渴消暑。

道德愉悅感

有利益關係，人追求、實踐的價值對象（倫理道德）可滿足理性欲望。

例 撿到遺失物。

不自由的愉悅

經過理性判斷而來。

例 送到警局。

被敬重、認同的喜樂感。

例 收到致謝信。

美感

人與對象間無任何利益關係，也不需占有對象。

例 露天音樂表演。

自由的愉悅

經過感性判斷而來。

例 經過路旁，被吸引而停下來聆聽。

喜愛的愉悅。

例 旋律縈繞腦海中。

康德從主客關係談美感

康德認為，人對外在事物的感知與一切知識必然取決於人類某些先天的認識能力（又稱「先驗結構」）。首先，人類是透過「空間」和「時間」這兩種先驗的感性直觀形式來整理刺激感官的外在感覺材料，形成感性認識；然後再以同樣先驗的各類知性概念（又稱「範疇」）來理解各種感性認識，形成知識。

康德更指出，不僅是知識，主觀的審美判斷也同樣是來自於想像力與知性這兩種先天認識能力和諧的自由互動，想像力綜合起眾多感性的直觀以構成表象，知性則對諸多表象加以統一。而美感則是當客觀對象的形式合乎主體認識能力（也就是想像力與知性）時所帶來的愉悅感。

完形心理學的「異質同構論」

對完形心理學派來說，美感是由於人的內心與外在事物達成「異質同構」的關係而產生。阿恩海姆主張，無論是客觀事物、藝術形式，或是人們的知覺組織活動，都有內部的張力結構，也就是「力的樣式」；當外在事物和人的知覺組織雙方的「力的樣式」結構一致時，就會因此引發

美感。他並舉例說明，垂柳之所以能引發人的悲傷情感，正是因為柳樹垂條的形狀、方向和柔軟性，與人的悲傷情感具有同樣被動下垂的「力的樣式」。

皮亞傑的「發生認識論」

認知心理學家皮亞傑的「發生認識論」也同樣強調：主體認識結構的反應與客體事物的刺激兩方存在著雙向的互動。

他指出，主體通常會將外在事物的刺激納入自身的認識結構中並做出反應，以強化、豐富原有的認識結構，這就是「同化」，也就是從「量」的方面來擴大認識結構。不過，有時當主體不能同化客體刺激，主體便會改變自己原有的認識結構，建立新的結構來「順應」客體，也就是從「質」的方面來擴大認識結構。

簡單地說，皮亞傑認為人的一切知識都是由主、客間的「同化」或「順應」這兩種方式建構而成的。他的理論雖然並非專就美感的形成而論，卻與「接受美學」的概念不謀而合，相互呼應。

美感源於主、客體間的互動

完形心理學　**異質同構論**

當外在事物和人們知覺組織彼此「力的樣式」達到一致的結構時，美感便隨之形成。

例 垂柳垂條的形狀、方向和柔軟性，與人的悲傷情感同樣有被動下垂的「力的樣式」。

外在事物　　　人們知覺組織
「力的樣式」　「力的樣式」

皮亞傑　**發生認識論**

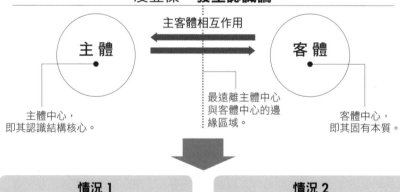

主客體相互作用

主體　　　　　　　　客體

主體中心，
即其認識結構核心。

最遠離主體中心
與客體中心的邊
緣區域。

客體中心，
即其固有本質。

情況 1	情況 2
主體 ◀ 同化 客體	主體 順應 ▶ 客體
將客體刺激納入主體中，以加強和豐富原有的認識結構，擴大認識結構的量。	改變主體原有的結構，建立新的結構，改變認識結構的質。
例 看到一幅繪畫，和以前欣賞的作品很類似，而覺得美。	例 看到之前未曾見過的新事物，沒有相關經驗，但仍覺得美，並因此改變對美的理解。

渾然忘我，凝神靜觀美的出現

「萬物靜觀皆自得」，當我們全神貫注地觀望、凝想於某一事物，以致渾然忘我，那一刻，事物之美便出現在我們眼中，閃閃發光，而我們的心靈也沉浸於自然湧現的美感中。

美需要凝神專注才能領略

在「美感」取代「美」成為美學的重要概念前，學者們儘管認為美是一種客觀存在於事物中的本質，也多半同意人必須「凝神專注」（contemplation），才能見到存在於對象中的美。如畢達哥拉斯學派認為美需要「凝神專注」的觀看，以及柏拉圖認為人透過凝神觀照看見至美的真理，都強調「觀看」的重要性。這些說法也成為日後美學史談論審美態度時的重要基礎。

叔本華提出「靜觀說」

一八一八年，叔本華在《意志與表象的世界》中正式提出「靜觀」說。他主張審美態度就只是種觀照，也就是觀看者不僅不去思考事物的來源、目的，也遺忘了事物的實用性，而只是全心全意的專注於這個出現在他面前的事物，讓這事物占據他的意識；甚至，在靜觀對象時，人們也遺忘了自己的個性和意念。也就是說，主體成為一面反映對象的鏡子，在其意識中沒有觀看者和被觀看者的分別，主體「沉沒」在對象中，被對象所「充滿」，主、客體二者就此合而為一，美感於焉誕生。

叔本華的「靜觀說」以「凝神專注」和「忘我」為美感經驗的特徵，不僅繼承了畢達哥拉斯學派及亞里斯多德等傳統說法，也吸收了康德認為美感以「無私趣」為特質的看法。不過，「靜觀說」主張主體只是服從於對象的美，和康德以審美判斷與「美感」為思考核心，從而認為美是合乎主觀目的的對象的論點有所差異。

《莊子》也主張「心齋」

無獨有偶，早在中國先秦道家經典《莊子》書中已有與上述西方學說相類論點。《莊子》提出「心齋」說，也就是在心靈層面進行齋戒，掃除自我心中的種種執著與限制，不再固執於自我的存在，讓心成為虛空的空間。《莊子》認為能達到這樣「無己」境界的人便可稱為「至人」，而「至人之用心若鏡，不將不迎，應而不藏，故能勝物而不傷」；也就是指至人的心如鏡子一樣，能如實映照出事物最真實的樣子，既不抗拒也不迎接，無所隱藏。這一說法和叔本華的靜觀說有異曲同工之妙。不僅如此，「莊周夢蝶」的經典故事，更是將忘卻自身意識、以達到「物我兩忘」境界的美感顯露無遺，令人心神嚮往。

叔本華的「靜觀說」

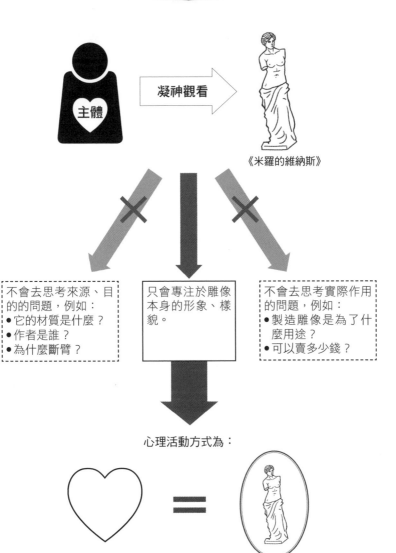

凝神觀看

《米羅的維納斯》

主體

不會去思考來源、目的的問題，例如：
- 它的材質是什麼？
- 作者是誰？
- 為什麼斷臂？

只會專注於雕像本身的形象、樣貌。

不會去思考實際作用的問題，例如：
- 製造雕像是為了什麼用途？
- 可以賣多少錢？

心理活動方式為：

主體忘卻自我意識，心如鏡子般映照出雕像樣貌，而形成美感。

「物我合一」之美出自同情的想像

「移情」（empathy）是德文「Einfühlung」的翻譯，其原意是移入情感（feeling into）。相較於主體居於被動局勢的「靜觀」說，強調主體投射主觀情感的「移情」說，是近現代美學史上最多人支持的學說。

移情是使外物都染上自身情感

在美學史上，很早就有和移情相關的看法。像是亞里斯多德注意到荷馬史詩中已經運用了「隱喻」的手法來將無生命的事物視為是有生命的；又如康德在談論「崇高」的概念時，也認為是人們以「偷換」的方式將內心的崇高感轉移到自然事物上，使其具有「崇高感」；而黑格爾也認為自然美是心靈美的反映，自然風景是人們「感發心情和契合心情」的表現。這些說法都不約而同地嘗試去解釋人類將自身情感轉移至外物而引起美感的現象。

「移情說」的奠基者

在美學發展史中，移情說的雛型最早可追溯至十七世紀休謨提出的「同情」（sympathy）說。休謨強調，同情並不是憐憫，而是同情共感，美感正是因為人與外在事物形成了同情共感的關係而產生，也就是人以同情心對事物進行感同身受的想像而獲得情感的滿足。

到了十九世紀，洛慈也以「投射」來解釋移情現象，認為人們可以藉由想像來進入其他事物之中，以了解有生命者的活動或是無生命者的意義。但是他尚未使用「移情」一詞。而弗列德里希‧費肖爾的晚年研究首度指出「審美的象徵作用」是「人把他自己外射到、或感入到自然界事物裡去」，也就是「對象的人化」，更為移情說提出了雛形。之後，他的兒子勞伯特‧費肖爾又承繼家學，於一八七三年發表《視覺的形式感》，終於首次提出「移情」一詞，意思是指：人們將自己的情感外射、滲透到外在事物的形式中，把自己完全沉沒到事物裡去，同時也因此把事物沉沒到自我裡。經過費肖爾父子的努力，成功奠定了移情說的理論基礎。

立普斯確立「移情說」

以心理學為研究基礎的德國學者立普斯，延續費肖爾提出的「移情說」，發展出更具系統的美學理論。起初，他在一八九七年出版的《空間美學》中指出，人們總是會以自己的親身經驗來看待、理解外物，他以古希臘建築的「多利克式石柱」（Doric order）為例，說明人們觀賞對象時，重視的不是其物質本身而是形象，也就是說，人們欣賞的不是石頭，而是由石頭構成的線、面、形的「空間意象」。立普斯並指出，儘管這石柱上

「移情說」的發展進程

休謨的「同情說」

17 世紀

- 美感是因為人對事物進行感同身受的想像，而獲得情感的滿足。就像人們期望建築的柱子是上細下粗的，因為那樣才讓人感覺安全；相反，上粗下細的柱子便引起人們一種危險的同情感。

洛慈 的「投射說」

- 人們可以藉由想像來進入其他事物之中，了解有生命者的生命活動，或是無生命者的意義。

弗列德里希·費肖爾提出「對象的人化」

19 世紀

- 「審美的象徵作用」是「人把他自己外射到或感入到自然界事物裡去」，也就是「對象的人化」。

勞伯特·費肖爾
首次提出「移情」（empathy）一詞

1873 年

- 「移情」是指人們將自己的情感外射、滲透到外在事物的形式中，把自己完全沉沒到事物裡去，也因此同時把事物沉沒到自我裡。

立普斯 正式確立「移情」理論

1903 年

- 人們將自身的主觀情感移入到客觀事物中，使外在物件受到主體的「生命灌注」，成為主體情感的載體，從而產生「自我欣賞」的美感。

細下粗，乍看之下，似乎無法支撐屋頂；但人們會將自己的情感轉移到這個「空間意象」上，想像自己如石柱般承受著巨大重量而有一種想要奮力昂揚的情緒，因此能感覺到它昂然挺立的姿態，這便是人們由對這石柱的同情所引起的美感。

值得注意的是，立普斯的《空間美學》多是具體事例的說明，而且只用「同情」來解釋，尚未使用「移情」一詞；直到一九〇三年，他才真正提出移情理論。他區分出審美對象與審美原因，認為美感的原因不在對象，而是在主體自我。所謂的「移情」作用，就是人們將自身的主觀情感移入到客觀事物中，使外在物件受到主體的「生命灌注」，成為主體情感的載體，從而產生「自我欣賞」的美感。

換句話說，「移情」作用使客體和主體融為一體：客體受到主體「生命灌注」，而主體也活在對象之中；就在這「物我合一」的關係中，人們獲得了美感。因此，立普斯才說：「感到愉悅的自我和使我感到愉悅的對象不是分裂開來的兩者，而是同一個自我。」也就是說，人因移情作用而欣賞的對象其實是自我的統一體。

中國美學重視「情景交融」

中國的文藝美學理論中也有許多和移情說類似的說法，如傳統的詠物詩相當重視「託物言志」，也就是將主觀情感投入外界事物的表現手法。劉勰《文心雕龍‧物色》也以「情往似贈，興來如答」一語說明創作者和自然景物之間的互動關係：「情往似贈」是人們一往情深的將感情投注於外在景物中；「興來如答」則是人們因此獲得美感的興發。清代詩學大家王夫之也提出「情景交融」論，一言以蔽之，正如他在《唐詩評選》中所說：「景中生情，情中會景，故曰景者情之景，情者景之情也。」

而民初學者王國維更在《人間詞話》中提出著名的「有我之境」觀點，也就是「以我觀物，故物皆著我之色彩」。中國詩詞更不乏因移情而產生的名句，如杜甫〈春望〉：「感時花濺淚，恨別鳥驚心」，李商隱〈無題〉：「春蠶到死絲方盡，蠟炬成灰淚始乾」，都是主體情感移入客觀對象產生的美感。甚至是「歲寒三友」、「花中四君子」等文化傳統，也同樣是「移情」的作用。

移情作用的發生過程

客體存在，有其客觀特質。

例 多利克式石柱（Doric order）的特徵是造型樸實無華，給人沉穩莊重樸實之感。

主體遇見客體，將自我主觀情感投入對象中。

例 想像自己如石柱般承受著屋頂的巨大重量。

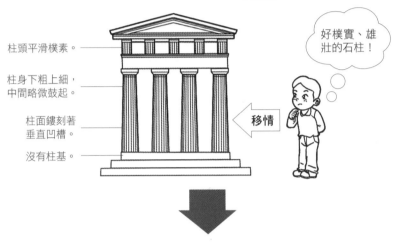

柱頭平滑樸素。

柱身下粗上細，中間略微鼓起。

柱面鏤刻著垂直凹槽。

沒有柱基。

移情

好樸實、雄壯的石柱！

因移情而形成「物我合一」的美感。

例 人物將情感貫注其中，而感覺到石柱昂然挺立的姿態之美。

「感到愉悅的自我和使我感到愉悅的對象不是分裂開來的兩者，而是同一個自我」。

「直覺」在心中表現出美的意象

二十世紀初的義大利美學家克羅齊提出「直覺」（intuition）說，認為「直覺」將感受轉化成心中的「意象」而表現出美。若要充分了解其學說奧義，得從藝術之表現、創造的角度出發。

美學是克羅齊哲學體系的基礎

和康德、黑格爾一樣，克羅齊的美學理論也是他整體哲學體系的一部分。他認為，人的精神活動分為認識和實踐兩種，前者可再分為直覺活動和邏輯活動，後者也可再分為（經濟）功利活動和道德活動；這四種各自以「美醜」、「真偽」、「利害」、「善惡」為價值判斷標準，並分別對應美學、哲學、經濟學和倫理學四種學問。

克羅齊指出，這四者之間有連續發展的關係，而直覺認識正是人們一切精神活動的基礎：它獨立於理性知識，是概念形成前的思維活動。人們透過直覺，才得以形成對個別事物的認識，也就是「意象」；透過邏輯則會產生對一般事物的認識，也就是「概念」。

美感即直覺

克羅齊在一九○三年的《美學》中提出「美感即直覺」的說法，肯定「直覺」在審美心理活動中的關鍵作用。直覺以「感受」為來源，但人們接觸外在事物時產生的「感受」只是沒有無形式的材料，無法被人類的心靈所察覺；這些感受只有經過直覺認識的作用，個別事物才能在人們內心成為獨立完整的形象，也就是轉化成具有形式的「意象」，使人領略到美感。克羅齊並點出，直覺有「獨立」、「靜觀」、「直接」等特徵：「獨立」是指直覺做為人們一切心靈活動的基礎，不需任何前提便獨立存在；「靜觀」是指直覺是透過專注於由對象所引起的感受而賦予它形式；「直接」則是指直覺不同於邏輯認識，不需進行分析、推理。

直覺即表現、表現即創造

必須特別注意的是，克羅齊的「直覺說」反對人們將直覺誤認為是內心諸多不能表現出來的感受，清楚區別出感受和直覺的差異，並且，他主要是從人內在的心靈活動來討論「表現」這個概念。在克羅齊看來，感受雖是人主觀產生的產物，但只有經過直覺才能形成具有形式的「意象」，而完整地被心靈掌握；也就是說，直覺是一種心靈將形式賦予感受的構型能力，使無形式的感受可以轉化為「意象」這種形式表現。

他強調，若沒有形式表現，也就等於沒有直覺；所以，如果人們真的有某些「直覺」，就一定能將感受

克羅齊的哲學系統

為實踐的前提

道德實踐
- 對一般目的的追求。
- 以功利實踐為前提，是最高階段的精神活動。
- 形成「善惡」的價值判斷。
- 由倫理學進行專門研究。

功利實踐
- 對個別目的的追求。
- 以邏輯認識為前提。
- 形成「利害」的價值判斷。
- 由經濟學進行專門研究。

概念形成。

邏輯認識
- 對一般事物的認識。
- 以直覺認識為前提。
- 形成「真假」的價值判斷。
- 由邏輯學進行專門研究。

概念形成前的思維活動。

直覺認識
- 對個別事物的認識。
- 以感受為來源，感受經直覺認識後，才能在內心表現為具有形式的意象。
- 形成「美醜」的價值判斷。
- 由美學進行專門研究。

後一個活動依賴於前一個活動，前一個活動相對獨立於後一個活動。

表現出來，就像是人若對一匹馬有直覺，就一定能在心中表現出馬的意象。克羅齊更因此主張，直覺就是一種抒情的表現，因為人們的主觀感受正是有賴於直覺的作用，才表現為具體可感的意象。

克羅齊並指出，這種心靈的表現也是一種「創造」，因為直覺在表現主觀感受的同時，也就在內心「創造」出具有形式的意象。他甚至更進一步主張，直覺就是一種藝術創造的活動，因為人以直覺的方式認識某事物而產生意象時，這個「意象」就已經是他在自己心中完成的一件「藝術品」，所以基礎感性的認識活動都可說是藝術創造。

克羅齊因此認為一般人和藝術家同樣都擁有以直覺創造藝術的能力；只不過，藝術家的直覺能力特別強，總是能感受到常人感受不到的東西。舉例來說，莫內、畢卡索等藝術家的作品不是他們的發明，而是他們透過獨到的直覺，在心中以獨到的形式表現這個世界的樣貌，而他們的畫作不過是其心中意象的再次呈現。總而言之，克羅齊認為，美感、直覺與表現在人類心靈中是合而為一的。

中國美學有可相呼應的說法

中國古典美學中也有類似「直覺」的說法。鍾嶸在《詩品·序》中認為歷代佳篇名句多得自「直尋」，也就是直接描寫「即目所見」，這樣「即景會心」的直覺有它自然靈妙的美。宋代嚴羽則因受到禪宗思想影響，而提出了「妙悟」說，認為詩道和禪道同樣以對事物剎那的透徹體悟為貴，也就是一種豁然貫通的直覺。這兩種說法都強調心靈對事物的「直接」反應。

清代王夫之也藉助禪宗思想的術語來討論詩歌，他提出的「現量」說理論架構更為完整，分別指出「現量」的「現」有三層意義：一是「現在」，強調是當前直接的感知，不需依靠過去經驗、印象；二是「現成」，強調一觸即覺，不假思考、比較；三是「顯現真實」，強調所顯現的是事物原本的真實的體性，不是虛妄的。他也舉王維的名句為例：「大漠孤煙直，長河落日圓。」說明這就是詩人根據當下對眼前事物的瞬間直覺所表現出的形象畫面。

心靈中的直覺活動

人無時無刻不對外在各種事物產生感受。

例 騎單車旅行，沿途經過許多風景，帶來各種感受。

經直覺認識	未經直覺認識

某些感受因此表現成具特定形式的意象。

 如騎經海岸旁的道路時，看見夕陽餘暉在海面上投映的金色波光，透過直覺將畫面留在心中，形成意象。

某些感受因此不具形式。

 如對一路上的山岳、生長於路旁的花草多半印象模糊。

因直覺的表現而形成美感。

例 感受到這片倒映餘暉的海面，像是一幅由金絲線繡成的錦緞，令人目眩神迷。

這些感受只是散亂的材料。

例 旅途上的山岳、花草，由於沒有形成形式，所以無法進一步被心靈察覺。

審美心理活動的學說④：心理距離說

適當的「心理距離」才能與美相會

康德提出美感的重要特徵之一在於「無私趣的滿足」，其主張逐漸於學者間形成共識。至二十世紀，心理學家布洛更是以此為基礎而提出「心理距離」（psychical distance）說，強調抱持適當的心理距離才能形成美感。

布洛提出「心理距離說」

劍橋大學教授布洛於一九一二年從心理學的角度提出「心理距離說」。他認為審美經驗的特徵是主體在欣賞對象時並不考慮對象和自身有何利害關係，和它保持一定的心理距離；換句話說，只有主體抱持著超越功利的審美態度時，才可能產生美感。他並指出，「心理距離」在此產生消極與積極的兩種作用：一方面，「心理距離」讓人們得以擺脫原本以功利角度思考的知覺習慣；另一方面，「距離」也使人們注意、發現到事物平時不為人們注意到的面向，以新的方式重新認識事物。

他並舉海上起霧為例，說明身在船上的船員、旅客在遇到海霧瀰漫的情境時，往往會思及海霧對航行的危脅或影響，容易感到憂慮或恐慌；但如果拉開心理的距離，拋開可能因海霧而帶來的旅程延期或航行危險等現實利害考量，重新來觀賞這片漫無邊際的海霧時，反而可能對眼前這片海天一色、如夢似幻的景色大為讚嘆而獲得美感。

「心理距離」也能夠解釋人們為何往往容易美化回憶。因為在事件發生的當下，總是難以拉開心理距離；

但隨著時移日往，或空間的移轉，過往因期望落空或利益衝突而形成的負面情緒，都不再與如今的我有任何利害關係，這段已然拉開的心理距離，便能使人們將自身經驗、情感視為審美對象，而形成美感。這也是藝術家為何能將悲傷、沮喪、憤恨等情緒化成動人藝術作品的原因。

心理距離過近或過遠皆無美感

布洛也指出「心理距離」有它的矛盾性：主體和對象必須拉開距離，以超越功利、實用的態度來欣賞對象；但兩者的距離又不能遠到與自身情感毫無關係的程度，主體仍必須對於對象懷有一定的情感。也就是說，這距離既不能太近，也不能太遠，必須保持適當的心理距離，才可能引起共鳴，形成美感。

布洛並以觀賞莎翁悲劇名作《奧賽羅》為例說明，若是一個向來懷疑妻子不忠的人來觀看本劇，可能會將情節與自身生活經驗相對照，難以超越現實生活中的利害關係，結果只能自傷自嘆；然而若是某人抱持著評論的實用態度，在觀賞時只關心細節或技巧的話，那麼他也無法獲得美感。

保持適當的心理距離

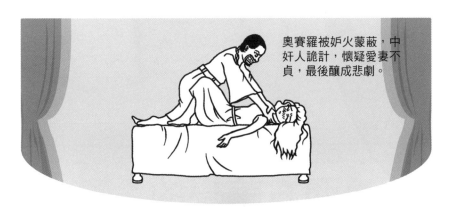

奧賽羅被妒火蒙蔽，中奸人詭計，懷疑愛妻不貞，最後釀成悲劇。

心理距離過近

困於相似情緒中而沒有美感。

我是不是也誤會了我太太？

心理距離適中

能體會人物心境，隨情節發展而有共鳴，形成美感。

明明是相愛的兩人，卻敵不過人性的弱點，真遺憾！

心理距離過遠

過於冷靜抽離，無法引起共鳴。也沒有美感。

劇本精彩，可惜演員表現不夠到位。

Chapter 4
西方美學的重要範疇

在西方美學的發展過程中，某些重要的審美概念經常被討論，如源自希臘時期的悲劇與喜劇，十八世紀備受矚目的優美與崇高、古典與浪漫，以及十九世紀後漸受重視的醜與荒謬等範疇。這些範疇不僅反映了哲學家對美的本質的思考，也如黑格爾所指出的，對應著藝術發展的過程；甚至，透過對各種範疇的發展脈絡的觀察，我們還可以一窺美學史的思想變化。

學習重點

✔ 亞里斯多德提出的「悲劇六大要素」是什麼？

✔ 「悲劇」如何融合了酒神精神和日神精神？

✔ 「喜劇」為什麼能引人發笑？

✔ 「優美」和「崇高」在情感基調和對象形式上各有何特質？

✔ 柏克和康德對「崇高」的解釋有何異同？

✔ 席勒如何區別「古典」（素樸）詩和「感傷」（浪漫）詩的分別？

✔ 黑格爾如何將藝術發展分為三個階段？各階段有何特徵與代表作品？

✔ 「醜」和「喜劇」、「崇高」、「荒謬」之間有什麼關聯？

悲劇①
悲劇淨化人心，更引人擁抱理想

悲劇（tragedy）源於古希臘酒神祭典，內容多取材於神話和史詩。悲劇除了展現出命運與意志於一個好人身上形成的強烈衝突而引人欷歔，達到淨化心靈的效果外，更展現出人在巨大的衝突與痛苦中仍勇於擁抱生命、追尋價值的積極精神。

情節是悲劇的靈魂

亞里斯多德率先對「悲劇」做出詳盡定義。他認為，悲劇是對主題嚴肅、首尾完整、且具一定長度之「行動」（action）的模仿，也就是模仿具有性格、思想的動作者的行動及其人生，並表現為故事的「情節」（plot）。

悲劇需具備情節、性格、思想、語法、旋律和場面等六種基本要素，尤以「情節」為關鍵，是悲劇的生命與靈魂。悲劇引人入勝處在於情節的「突轉」和令人訝異的「發現」，如著名悲劇《伊底帕斯》的主角在了解自己治理的王國為何災禍不斷時，同時發現自己終究難逃弒父娶母的命運，這具有強大張力的情節，令人不勝欷歔。

淨化人心中的哀憐與恐懼之情

亞里斯多德還認為悲劇能引起觀眾的哀憐和恐懼，因觀眾會同情主角的不幸遭遇而心生哀憐，也會意識到自己可能與主角同樣面臨不由自主的命運而心生恐懼。亞里斯多德因此強調，悲劇正是透過引導人們抒發上述情緒來達到「淨化」（catharsis）的效果。因為哀憐與恐懼的情緒一旦在人心中累積過量，將會造成心靈的負擔；對此，亞里斯多德認為可以透過音樂或悲劇等方式排遣累積過量的哀憐、恐懼之情，使人們重獲心靈平靜。

悲劇展現命運與意志的衝突

亞里斯多德也提出「過失」說，來說明何種悲劇主角的設定最能引起觀眾的認同與共鳴。他指出，悲劇主角是好人，但犯下一些不太嚴重的過錯，卻因此遭遇到過大的厄運。希臘悲劇正是透過這樣的人物塑造和情節安排，凸顯出命運與意志的強烈衝突。

黑格爾則以悲劇《安蒂岡尼》為例，對悲劇的衝突進行辯證思考。安蒂岡尼的兄長因叛亂而被處死，國王禁止有人收屍，但安蒂岡尼仍本著親情將兄長下葬而被捕入獄，最後自殺；但安蒂岡尼是王子的未婚妻，她死後王子殉情自殺，皇后也因此自殺，使國王痛失至親。黑格爾指出，這齣悲劇凸顯出國家與家族兩種倫理價值的衝突，這兩種理想本都值得肯定，且應共同維持統一平靜的狀態；但安蒂岡尼與國王卻都只執著單一理想，所以才產生衝突。所以，悲劇的衝突並不是否定理想本身，而是否定理想的片面性；各持己見的人物所遭受的痛苦，代表理想的片面性被毀滅，兩種理想則可望得到新的和解。

悲劇以情節為關鍵要素

以希臘悲劇《伊底帕斯》情節發展為例：

- 人物的性格隨著動作表現出來，如伊底帕斯的脾氣暴躁、過度自信。
- 人的意志看似抗衡命運，卻落實了命運。

因「弒父娶母」的神諭而成棄嬰

底比斯國王拉伊俄斯因年輕時的過錯而遭到太陽神詛咒，預言其子將弒父娶母。拉伊俄斯為逃避命運，將剛出生的兒子刺穿腳踝，丟棄於荒野中。

被科林斯國王收養

棄嬰被牧人收養，由於嬰兒腳踝受傷，便命名為伊底帕斯（意為腫脹的腳），並獻給科林斯國王波呂波斯，國王將他視如己出，立為王子。

得知神諭而決定離開科林斯

伊底帕斯長大後，得知太陽神的神諭。而他以為科林斯國王與王后是親生父母，於是遠離科林斯，發誓永不回家。

為底比斯災難而請示神諭

底比斯瘟疫不斷，伊底帕斯請示神諭，得知災禍不斷是由於殺死前任國王的兇手沒有受到處罰，於是他下令找出兇手。

解救底比斯，娶王后並登基

當時底比斯被獅身人面獸史芬克斯所困。伊底帕斯解開史芬克斯的謎題，解救了底比斯。於是他登上王位，毫不知情地娶了國王的遺孀喬卡斯塔，也就是自己的親生母親為妻。

因爭路衝突，怒而殺人 　過失

伊底帕斯在途中與人爭路，發生衝突，一怒下殺了人，其中包括底比斯國王，也就是他的親生父親拉伊俄斯。

出現複雜的情節，包括了劇情突轉和發現。

發現自己是主因 　突轉

調查的結果，證明伊底帕斯就是兇手。而柯林斯國使者亦在這時到來，請他回國繼承王位。

難逃「弒父娶母」的命運 　發現

但使者同時揭開伊底帕斯真正的身世。伊底帕斯發現自己正是拉伊俄斯的兒子，終究應驗了弒父娶母的不幸命運。

生母上吊，自傷雙眼 　受難

他的生母羞愧地上吊自殺，伊底帕斯也刺瞎自己的雙眼，離開底比斯四處流浪，最後死於異鄉。

「過失」是出於無知的錯誤判斷或誤會，並非失去理智。

亞里斯多德

悲劇是酒神精神與日神精神的融合

亞里斯多德雖已提及悲劇的表演形式自酒神頌轉化而來，但十九世紀的尼采才首度從「酒神精神」（Dionysian spirit）與「日神精神」（Apollonian spirit）的融合來談論悲劇的起源，肯定悲劇是希臘藝術中表現人的精神的最高成就。

酒神精神 vs. 日神精神

尼采提出「酒神精神」和「日神精神」兩種藝術精神的差異。他指出，酒神戴奧尼修斯（Dionysus）掌管以音樂、詩歌為主的聽覺藝術，在他「醉狂的藝術世界」中，由狂喜、熱情的強烈情緒為主宰。簡單說，酒神精神是一種高度亢奮的情緒宣洩，主要表現為對生命的讚嘆。

相對於酒神，日神阿波羅（Apollo）則掌管雕塑、繪畫等視覺藝術。在他「夢幻的藝術世界」中強調美的理性而節制、有秩序的呈現。簡單說，日神精神是一種寧靜安詳的狀態，主要表現在對夢幻形象的欣賞。

悲劇源自富音樂性的酒神精神

尼采認為悲劇藝術的形式，最早源於酒神祭典時四處遊行於村莊巷道間的「合唱隊」（chorus），他們自比為酒神的追隨者，以具強烈抒情性的音樂歌頌酒神生平事蹟及其精神。在著魔般的狂熱情緒中，他們沿途歌舞，暫時擺脫生活煩憂，重獲對生命的熱情。根據記載，西元前七世紀時酒神祭典已從吟唱四方的遊行轉為固定於某一地點中的祭典，而「合唱隊」也有一定的隊伍形制，由五十位男子身披羊皮進行演唱，他們自比為長伴酒神身旁的羊人（satyrs），他們吟唱的歌詩則稱為「羊歌」（tragoidia）。

融合具形象性的日神精神

到公元前六世紀，酒神祭典中首度出現悲劇競賽，劇作內容開始不限於酒神事蹟，也取材自神話或史詩，並搭建起舞臺場景。劇作家開始安排戴著面具、身著一定服裝形式的演員，和合唱隊一同登場；而這便是強調視覺之美的日神精神的呈現。至此，酒神祭典的儀式發展成由合唱隊與演員在舞台上輪流演出。之後，劇作家更逐步增加演員人數並賦予對話，加重他們在悲劇中的表演分量；相對地，合唱隊的分量被削弱，人數減少，不再是表演的主角。

尼采認為，悲劇做為希臘藝術的代表，正是重視「音樂抒情性」的酒神精神與重視「形象和諧性」的日神精神的相互融合。在尼采看來，悲劇的重大意義在於令希臘人掙脫了他們隱藏在冷靜、理性的面具下，對人生中一切可怕、危險事物的強烈悲觀與恐懼，重新肯定並熱烈擁抱生命，從而展現出希臘人的生命光輝。

悲劇誕生於酒神精神與日神精神的融合

酒神精神

- 酒神戴奧尼修斯掌管聽覺藝術。
- 酒神精神是一種高度亢奮的情緒宣洩，主要表現為對生命的讚嘆。
- 在他「醉狂的藝術世界」中由狂喜的強烈情緒為主宰，充滿熱情。

日神精神

- 日神阿波羅掌管視覺藝術。
- 日神精神是一種寧靜安詳的狀態，主要表現在於對夢幻形象的欣賞。
- 在他「夢幻的藝術世界」中強調美的理性而節制、有秩序的呈現。

合唱隊

合唱隊員自比是常伴酒神身旁的羊人，吟唱著歌頌酒神生平事蹟的「羊歌」。

演員

- 演員人數：逐漸由一人增加為三人。
- 規定打扮：穿著長袖及長袍，外罩及膝外套，戴著面具。

合唱隊成配角

演員成主角

悲劇的誕生

西元前6世紀
酒神祭典中首度在表演中加入演員，並出現悲劇競賽。劇作內容開始不限於酒神事蹟。

西元前5世紀
蘇弗克里茲規定合唱隊人數15人，演員3人，確立編制。戲劇重點由合唱隊表演轉移至演員間的對話與互動。

喜劇①
喜劇藉由滑稽事物引人發笑

喜劇（comedy）的起源同樣與酒神祭典相關，因農民在歌頌酒神、飲酒狂歡之際，時有荒唐滑稽的言談舉止。喜劇往往表達出滑稽的事物，學者更因此思考人們發笑的原因。

喜劇是對滑稽事物的模仿

喜劇的美學特徵在於具有「可笑性」，不過，喜劇產生的「笑」不是出於生理本能，也非出於幸福、高興、快樂的心理感受，而是因看到劇中人物的行動而發笑。亞里斯多德指出，喜劇和悲劇是一組相互對照的概念，相對於悲劇模仿的是比一般人較好的人，喜劇模仿的是「比一般人較差的人」，劇中人物的行動往往引人發笑。他強調，所謂的「差」並不是指這些人犯下什麼嚴重的罪過，而是指他們具有某些醜惡、可笑、滑稽的，但又不至傷害他人、令人感到痛苦的生理或心理殘缺或缺失。就像是表情扭曲的面具，帶有不令人感到痛苦的醜，而能引人發笑。

笑源自於優越感

柏拉圖比亞里斯多德更早討論到希臘喜劇讓人發笑的原因。他認為劇中的滑稽表現，像是某人意外跌倒、當眾出糗等，使觀眾意識到發生在他人身上的不幸，這種不幸不具有傷害性，僅是顯露人的無知，所以能引人發笑。可以說，喜劇中的「可笑」多少帶有惡意，也就是幸災樂禍的嘲笑。

十七世紀的英國哲學家霍布斯則認為，習以為常的事不能引人發笑，能令人發笑的事一定都是新奇的、出人意料的。他更進一步闡發柏拉圖的觀點，提出有名的「突然榮耀」（sudden glory）說，強調使人發笑的原因在於人「突然發現自己的優越」，也就是人們因看見別人的缺失，意識到自己的優點而產生了優越感，所以發笑。他舉例說明，人們偶然回想起自己過往的糗事時，只要現在已經不再因那件事而感覺羞恥，也就是意識到現在的我已經比過去的我更為優越時，也往往會發笑。

笑源自期望消失造成的反差

康德認為喜劇讓人發笑的原因並不是因為意識到自己比無知的人更為聰明，而是在於「期望消失」。也就是說，當一種荒謬悖理的現象出現，使得人們原本緊張的期待感突然轉化為虛無時，人便會發笑。他舉例說明，某個印第安人在參加宴會時看到打開的酒罈中噴出啤酒泡沫時大聲驚呼，人們問他原因，他便回答他驚訝的是那些泡沫怎麼跑進酒罈中的，這回答將大家的緊張感瞬間化為虛無，而引起哄堂大笑。康德的說法後來被叔本華、史賓塞繼續吸收、發揚。

滑稽言行為何引人發笑

主要說法①：他人與自己的比較

西元前3世紀 柏拉圖「惡意的快感」

對他人輕微而無害的不幸感到幸災樂禍。

例 看到別人的無知，人們會發笑。

15世紀 霍布斯「引起榮耀說」

看見別人的缺失，意識到自己的優點。

例 見到某人沒注意路況而跌倒，人們會因意識到自己有比他更好的觀察力而大笑。

主要說法②：預期與實際的落差

18世紀 康德「期望消失」

荒謬悖理的現象使本緊張的期望突然消失。

哇啊！

例 旁人看到抱著酒罈的印第安人大聲驚呼，緊張地問他發生何事。

泡沫怎麼跑進去的？

例 印第安人回答他好奇泡沫如何先跑進罈內。大家的緊張感瞬間化為虛無，引起哄堂大笑。

19世紀 叔本華「乖訛說」

出現的「感覺」和預定的「概念」兩者出乎意料地不能相互吻合。

例 警察站上劇場舞台，禁止觀眾要求演奏者臨時加演。

例 某抗議觀眾的質問和預定的概念矛盾，而引人發笑。

只能照節目單演出。

禁止加演

你也在節目單上嗎？

19世紀 史賓賽「下降的乖訛」

人們聚精會神專注於某人行動，卻發現對象行為低於預期，過剩精力便透過人體抵抗力最小的顏面和呼吸器官進行發洩。

例 觀眾將注意力放在做出跳馬預備動作的小丑身上。

例 但小丑卻突然停下，只輕拍馬身；使觀眾大感意外而笑。

喜劇往各種矛盾中顯出強烈主體性

黑格爾認為，人們往往把可笑性和真正的「喜劇性」混淆為一談：喜劇雖然讓人發笑，但可笑的事物並非都具有「喜劇性」。因此，比起人何以發笑的問題，黑格爾更關注於「喜劇性」的探討。

喜劇表現出強烈的主體性

在黑格爾看來，「喜劇性」始終有關於各種令人發笑的矛盾，而且這些矛盾對立並不對人物的主體性造成破壞，反而更表現出強烈的「主體性」。簡單地說，喜劇人物總帶有強烈的愉快和自信，認定自己可以駕馭全世界；也因此，喜劇人物在面對各種矛盾以及伴隨而來的失敗時，往往覺得無關痛癢，他就像是以某種方式取得了勝利，仍然相信自己可主宰一切，而超越了各種矛盾。

無意義的目的vs.無意義的性格

黑格爾也介紹了三種常見的矛盾情況。最常見的情況是，人物追求的目的和他的性格都不具意義卻又相互矛盾。在這種情況中，喜劇人物自認為是能主宰一切的主體，但這樣自信滿滿的主角所認真追求的目的，看起來卻顯得極為渺小，而他為了達成目的而採取的手段又顯得毫無意義。比方說，有人想要以鄙吝的手段來追求過於貪婪的財富，這使他一切處心積慮的準備和努力顯得可笑；也正因這目的本身並不重要，所以他在失敗時又能毫不在乎地輕言放棄，還洋洋得意，自以為態度超然。

有意義的目的vs.無意義的性格

另一種情況是實際意義的目的和手段、性格之間的矛盾。喜劇人物想要追求的目的雖然具有永恆的倫理力量或精神價值，像是榮譽、愛情、友誼、家庭等，但他們本身的性格卻成了最大的絆腳石，使得他們想要追求的目的，仍舊僅只是幻想。黑格爾以古希臘喜劇家亞里斯多芬的《利西翠姐》為例，劇中女性們不滿只由男性參政而引發的多年戰爭，於是集結起來想以妙計終結戰爭，但她們採取的策略（也就是以「性罷工」為要脅，讓男性答應談判）以及治國之道（比喻「治國如理毛線」），都展現出傳統的思考和情趣，在目的和思想上顯示出矛盾的趣味性。

人物性格vs.客觀環境

第三種情況是人物性格和客觀環境的矛盾，也就是客觀環境因偶然事件突然產生變化，並和人物性格產生矛盾。就像是因純粹偶然的誤會或巧合而形成的笑話。總而言之，喜劇總是在目的本身與目的內容、主體性格與客觀環境等各種矛盾對立中展現出堅定而充滿信心的主體性。

黑格爾論喜劇內容的三種狀況

矛盾① 無意義的目的 vs. 無意義的性格

自信能主宰一切的喜劇人物，用心準備，認真追求的，竟是某種極為渺小、虛妄的目的；也因目的太渺小而使他能輕言放棄，卻還自以為態度超然。

例 過於吝嗇，為了省錢而斤斤計較；後來卻又不以為然，自以為看得開。

矛盾② 有意義的目的 vs. 無意義的性格

喜劇人物想要追求的目的雖然具有永恆的倫理力量或精神價值，像是榮譽、愛情、友誼、家庭等，但是卻採取空虛無力的手段，使其追求變成幻想與假象。

例 女性想改變刻板性別印象，但她們保留傳統的思考和情趣。

矛盾③ 主體性格 vs. 客觀環境

由於外在的偶然事件造成了客觀環境的突然變化，使得喜劇人物和客觀環境產生了喜劇性的矛盾，像是因純粹偶然的誤會或巧合而形成的笑話。

例 誤認孿生兄弟而造成的笑話。

優美 vs. 崇高
優美令人喜愛，崇高令人尊敬

隨著審美範疇從原本的優美意涵逐漸擴大，十八世紀的學者開始注重「優美」與「崇高」這組對照範疇的並立。柏克首先指出優美和崇高分別以喜悅和痛苦為情緒基調，並啟發康德繼續發展其論述。

十八世紀起崇高始與優美並列

自希臘以來，人們所談論的「美」大多指的是「優美」（beauty），也就是主要以「優美」做為「美」的內涵；如中世紀的聖多瑪斯・阿奎納斯便定義美的三要素是「完整」、「和諧」、「明亮」，且強調美是「第一眼的愉悅」。

反觀「崇高」（sublime）概念的發展，卻相對地晚。西元前一世紀曾出現一篇名為〈論崇高〉的文章（以往被認為是朗吉弩斯所作），但內容僅關於修辭學範圍內的特殊風格，並未討論美或藝術的本質。不過，隨著浪漫主義的發展，美不再只被解釋為規律、和諧，或多樣性的統一；到了十八世紀，終於出現具審美意涵的「崇高」概念，學者們開始將「崇高」視為是不同於傳統的「優美」的另一種審美範疇。

這組美學概念得以並立，要歸功於英國經驗主義學者柏克，他在一七五七年的代表作中首度將崇高和優美並舉，並特別著眼於「感覺經驗」，也就是從人們的情緒感受對兩種概念進行對比。之後康德又受到柏克理論的啟發，先於一七六四年撰寫專文分析優美與崇高這組範疇，又在一七九〇年的《判斷力批判》中做出更深入的思考。

痛苦vs.愉悅的情感基調

柏克先探討「崇高」與「優美」的不同起源及其情緒特徵。柏克指出，崇高最大效果是令人驚懼，其次的效果是讚賞、崇敬與尊重。他認為崇高源於「自我保護」（self-preservation）的本能：人們只有在感覺生命受到威脅，也就是痛苦或危險的時候，才會激起恐懼的情感（astonishment），而這正是崇高的主要心理內容。柏克進而指出，崇高的產生必須由痛苦感（pain）轉為愉悅感（pleasure），如果身陷危險、或痛苦太過緊迫，便不能產生任何愉悅感；但只要和危險保持一定距離，或是痛苦程度得到某些緩和，就可能帶有愉悅感，而成為審美經驗。相對於崇高以痛苦為情感基調，柏克認為優美以愉悅（pleasure）為情感基調，它源自「社會交往」（society）的本能，也就是以近似「愛」的情緒做為美感的主要心理內容。優美的特色在於透過感官而引起人心中與「愛」相似的感覺感，令人感到輕鬆愉快。

柏克這番論述的最大貢獻在於，

柏克論優美與崇高的情感基調

優美：以愉悅為情感基調

對象具有優美的形式外觀，具有吸引力。

例 精心建造的花園。

對應人「社會交往」的本能。

例 人們享受愛情，也喜歡群聚生活，偏向親近溫柔美好的事物。

引起人近似「愛」的喜悅感。

例 人漫步在花園中沿路欣賞造景，而感到愉快。

崇高：以痛苦為情感基調

對象暗示危險，但不是緊迫的真正危險。

例 一座橫越山谷的吊橋。

對應人「自我保護」的本能。

例 人們對於危險、疾病、死亡感到痛苦和恐懼。

引起驚懼、恐怖的痛苦感。

例 準備過橋的人心生恐懼。

由於與危險保持距離而能產生愉快感，並將外在事物的崇高特質轉於自己身上而有自豪感。

例 在橋上享受獨立於天地間的崇高感。

將有關「美感」的思考方式從「對象的抽象本質」引回「人類的感覺經驗」。之後，康德繼承了柏克的觀念，同樣對照了人們對崇高和優美不同的情緒感受。他指出，令人喜愛、迷醉的優美是直接的、積極的愉悅感，因為這愉悅感是直接受對象的吸引力所引發，所以心靈是處在平靜安息的狀態中；令人感動、尊敬的崇高則是間接的、消極的愉悅感，因為人的生命力先暫時受到對象的阻礙，接著造成更強烈的迸發，所以心靈是處在由壓抑轉到振奮的動盪狀態之中。

表現出形式的差別

柏克也指出，能引發這些情緒感受的對象，應該具有一定的形式特點。他認為優美的最大特性在於使人輕鬆愉快，而崇高的最大特性在於巨大無比的力度，並因此對兩者的對象形式做出區別：優美是小巧的、光滑的、漸層變化的、嬌柔纖細的、色彩明亮的；崇高是巨大、粗糙的、變化突然的、厚實宏偉的、朦朧晦暗的。甚至，他更細膩地分別列舉出可引發兩種美感對象在視覺、聽覺、觸覺、嗅覺和味覺上的差異。

康德也認為，崇高必定是偉大的，而優美也可以是渺小的；崇高必定是純樸的，而優美可以是經過刻意裝扮和修飾的；優美可以具有多樣性，而崇高始終是單一的。

人同時具有優美與崇高

相對於柏克主要仍從自然景象和藝術作品等外在事物的形式來探討崇高給人的情緒感受；康德則更進一步直接在人類性格與特質上找尋崇高和優美的存在。

他因此指出，悟性、勇敢是崇高的，會激發人們的尊敬；機智、巧妙是優美的，會激發人們的愛慕。以觀賞悲劇和喜劇為例，悲劇表現出為了他人幸福而自我犧牲、經得起考驗的勇敢堅定與忠誠，會觸動人們心中的崇高感；而喜劇歡快而親切地表現出美妙的詭譎和機巧，則是觸動人們心中的優美感。其中，又以崇高的情操較優美的情操更強而有力，但是若沒有優美情操的替換、陪伴，崇高的情操就會使人厭倦，而不能長久地感到滿足。

康德甚至進一步從年齡、性別、民族性來談論優美和崇高的差異：從年紀來說，年長者的品質多與崇高相關，年輕人的品質則多與優美相關；從性別來說，優美與女性有關；崇高與男性有關。至於就民族性來說，義大利人和法國人較為傾向優美的情感，英國、德國和西班牙人則偏向於崇高的情感。

優美與崇高的形式比較

優美

崇高

客觀形式

優美
- 小巧的。
- 平滑光亮、不具稜角的。
- 逐漸變化又多曲線。
- 顏色明亮,不昏暗模糊的。
- 嬌弱纖細的。
- 經過裝扮和修飾的。

例 鮮花怒放的原野、溪水蜿蜒的山谷、花壇、低矮的籬笆和修剪整齊的園林、白晝。

崇高
- 廣大的、無限(無形式)的。
- 粗糙而不拘形式的。
- 喜愛直線。
- 黑暗,幽暗隱晦的。
- 堅固、厚實宏偉的。
- 純樸的。

例 高聳入雲的崇山峻嶺、狂風暴雨、猛獸、海洋、大瀑布、星空、黑夜、金字塔、神廟、悲劇。

人的品格、特質

優美
- 機智、巧妙。
- 激發人們的愛慕的品格。
- 年輕人。
- 女性。

例 美麗的少女,充滿機智的少年。

崇高
- 悟性、勇敢。
- 激發人們的尊敬的品格。
- 年紀大的人。
- 男性。

例 威風凜凜的將領,睿智的老人。

崇高是以精神力量將痛苦轉為愉悅

柏克認為崇高以痛苦為情感基調，並點出其對象形式有「無限」的特質；康德繼承了這些觀點，但同時修正柏克的意見，認為崇高感不是將外在對象的特質轉移到內在心靈，而是源自對人內在尊嚴的崇敬。

崇高對象尤以「無限」為特質

柏克指出，引起崇高的對象通常是「巨大」、「無限」、「困難」的。康德據此做出進一步論述，強調優美與崇高的最大分別在於，優美只涉及對象的形式，崇高更涉及對象的「無形式」。也就是說，能引起崇高的對象具有「無限制」或「無限大」的特質，具體表現為數量（包含體積）和力量這兩種類型的無限，可令人感到一種帶有愉悅的恐懼。如大自然便是以其渾壯、蒼茫、廣大，讓人意識到感受其無限威力遠超乎我們想像力所及，因此感到恐懼的痛苦感，進而引發人的崇高感。

崇高感源自內在還是外在？

柏克認為，崇高感的產生是因人在面臨恐怖、但並不真正帶來危險的對象時，常將對象具有的尊嚴和價值轉移到自己身上，從而發現內心的「自豪感」正發揮著強大的作用。換句話說，柏克雖然意識到人是藉由自己的心理感受才能認識到外在對象的本質，但基本上還是認為，崇高感是將外在對象的特質轉移到內在心靈的結果。

和柏克不同，康德認為人必須在心中先具有精神力量，才能被外界的景物、事件引發出感受，強調崇高本存於人的心靈中，而非從外在景物轉移而來。

崇敬感的根源是理性和尊嚴

康德說明，「無形式」的事物雖然具有強大力量，讓人感到無法掌握而心生恐懼；但是，只要人自覺安全，那自然形象愈是恐怖，反而愈能激發出人內在的理性和自我尊嚴等精神力量，而勇於和對象相互抗衡。康德以人面對狂風巨浪的大海為例，說明只有當人的心中存有理性和尊嚴時，才能被眼前的呼嘯狂風、滔天駭浪激發出崇高感。也就是說，當我們以內在的精神力量抵抗著對象的巨大力量而克服了恐懼，此時痛苦便轉化為愉悅，而崇高感也油然而生。

他因此強調，崇高其實是源自人的自我尊嚴，人只是將對自我尊嚴的崇敬外移到自然事物上去。換句話說，暴風巨浪的大海並不是人真正崇敬的對象，它只是以「無限」的形式承載了理性和尊嚴的投射，適切地表現出人類心靈固有的崇高感。

康德論「崇高」

- 對象的形式有「無限制」或「無限大」的特質，超乎人的想像。
- 具體表現為數量（包含體積）和力量這兩種類型。

 威脅

引起痛苦的感受，但並不緊迫。

與對象具有一定距離，不致直接陷入險境。

 抵抗

激起內在精神力量，而勇於與對象相抗衡。

人的內在心靈需先有理性觀念，即理性和自我尊嚴，這是崇高感的根源。

崇高源於對內在尊嚴的崇敬。

康德

將痛苦感轉化成「崇高」的愉悅感。

以自我尊嚴超越了對象帶來的痛苦，並將對自我尊嚴的崇敬轉移到對象上。

古典 vs. 浪漫①
現實與理想、理性與感性的衝撞

「古典」（classic）與「浪漫」（romantic）的詞彙由來已久，但直到十八世紀復古藝術風潮與德國狂飆運動的相繼興盛後，才正式在歌德與席勒彼此的詩歌討論中成為一組對立的美學範疇。

「古典」的意涵

「古典」一詞源自拉丁文「classicus」，古羅馬人率先以「古典的」（classical）形容他們欣賞的古希臘藝術風格，並加以模仿。此後，「古典」的主要意涵便指「古代的」（ancient，以古希臘羅馬時期為主）、「和諧、均衡、單純的」藝術風格，並給予它「足為典範的」評價。這種風格於文藝復興時期再次為人重視，更於十八世紀重新引起「新古典主義」（Neoclassicism）的藝術風潮。

「浪漫」的意涵

「浪漫」源出於「傳奇」（romance），是指中世紀富有想像色彩、以英雄事蹟或騎士冒險為主題的一種文體。約至十八世紀，「浪漫」才成為形容某種藝術風格的術語，和熱情、直覺、衝動、想像等各種要素密切相關。它追求的不是形式和諧的美，而是深刻、強烈、豐富的情感表現，因而重視藝術家主觀的個性和精神，反對依循既有的創作規範和守則。此風格的興起，以十八世紀後半葉德國「狂飆運動」為先驅，終在十九世紀初形成席捲歐洲的「浪漫主義」（Romanticism）。

古典模仿現實，浪漫表現理想

十八世紀，隨著龐貝古城的重新被發掘，興起一陣復古藝術風潮，學者重新重視古典之美，而逐漸形成十八、十九世紀之交的「新古典主義」。如德國學者溫克爾曼率先提出「古典氣質」，指出古希臘藝術精神是「高貴的單純和靜穆的宏偉」，認為古典藝術總表現出和諧、單純、高雅、節制之美。他的討論已隱約觸及古典與浪漫的對比，而以古典美做為最高典範的他，並不欣賞帶有近似「狂烈火焰」風格的作品。

不久後，曾是德國狂飆運動精神領袖的歌德，在經歷過從偏愛浪漫精神到崇尚古典精神的思想轉變後，持續與席勒針對詩歌風格進行討論，明確地將「古典」和「浪漫」視為一組對立概念。他們都同意古典詩模仿客觀的現實，浪漫詩表現主觀的理想，而終極目標都是希望近代的浪漫精神能與古典精神結合為一。歌德因而主張詩歌創作應從客觀現實出發，先掌握現實中個別的具體形象，並表現出存在於個別殊相中的普遍共相，以顯出特徵的整體，也就是「在特殊中顯出一般」。而歌德早、晚期的文學作品，也反映出他美學思想的變化。

古典 vs. 浪漫

古典　　　　　　　　　　　浪漫

| | 字源 | |

源自拉丁文「classicus」。　　　　源出於中世紀富想像色彩的一種文體「傳奇」（romance）。

主要興盛於三時期：
①古希臘羅馬時期。
②15-16世紀文藝復興時期。
③18-19世紀之際的「新古典主義」。

發展過程

18世紀「浪漫」才成為形容某種藝術風格的術語：
①18世紀後半葉德國狂飆運動為先驅。
②19世紀初形成「浪漫主義」。

核心精神

● 重視理性和均衡，表現出「高貴的單純和靜穆的宏偉」。
● 後代的「新古典主義」主要是指以古希臘、羅馬時期的藝術風格為典範，並加以模仿。

● 和熱情、直覺、衝動、想像等各種要素密切相關。
● 主張鮮明的個人風格，反對遵守既定規範，追求以各種形式表現出自身深刻、強烈的各種情感。

表達對象

模仿客觀的現實。　　　　　　　表現主觀的理想。

風格

理性、素樸、現實、節制、均衡、和諧、平靜。

感性、感傷、理想、充滿張力、矛盾衝突。

藝術代表

● **文學**：荷馬史詩，歌德作品（尤其是晚期）。
● **繪畫**：文藝復興三巨匠達文西、拉斐爾、米開朗基羅；新古典主義畫家大衛、安格爾。
● **音樂**：海頓、莫扎特、早期貝多芬。
● **建築**：古希臘神廟建築。

● **文學**：席勒詩歌，華茲華斯、柯爾律治、威廉·布萊克、拜倫、濟慈等英國浪漫詩人。
● **繪畫**：浪漫主義畫家歌雅、傑利訶、德拉克洛瓦。
● **音樂**：舒伯特、舒曼、蕭邦、李斯特。
● **建築**：中世紀以降的哥德式建築。

古典 vs. 浪漫②
心理狀態由「素樸」變為「感傷」

在十八世紀末歌德和席勒兩人的詩歌討論中，席勒從「人與自然」的關係立論，不僅清楚揭示出古代與近代人的心理差異，更直指出古典詩的特色是「素樸」，現代浪漫詩歌的特色是「感傷」。

人與自然的關係不同

歌德和席勒這對朋友對古典詩和浪漫詩的討論雖有一定共識，但是取徑不同；為了回應歌德，席勒在一七九五年寫下代表作〈論素樸的詩和感傷的詩〉，獲得歌德肯定，認為他為後人對古典主義和浪漫主義的這組對立概念的討論奠定深厚的基礎。

在這篇文章中，席勒沿著之前他在《美育書簡》中對古代文化和近代文化的對比，繼續深入思考古代希臘人與近代人心理狀況的差異，而以「素樸詩」（naïve poetry）稱呼具有現實主義樣貌的古代詩，以「感傷詩」（sentimental poetry）稱呼深具浪漫主義色彩的當代詩。

自然從「現實變理想」

對席勒而言，古代「素樸詩」與近代「感傷詩」的關鍵差異，在於「自然」意涵的轉變；而他所謂的「自然」包含外在的自然環境與人內在的自然本性。他指出，在古希臘時代，不僅人與外在自然渾然為一體，人本身也是理性與感性統一的和諧整體，所以自然對人而言是緊密相連的客觀「現實」，沒有「追尋自然」的迫切需要；反映在詩歌表現上，便展現出素樸的精神。相對地，近代人們與外在自然已分裂成主體與對象的對立關係，而且人們內在的感性與理性也同樣分裂，想像力與思考力相互衝突，自然因此從「現實」變成一種人們追求的主觀「概念」；近代人們對自然的依戀，就像是對已逝的純真童年的追懷，引人感嘆。也因此，近代詩歌總是瀰漫著感傷的情調。

席勒因此做出結論：當詩人與自然為一體時，他便成為素樸的詩人，其詩歌反映了客觀的現實；當詩人追尋自然時，他便成為感傷的詩人，其詩歌表現出主觀的理想。而席勒最終的期盼是，近代人能藉由感性和理性的統一，將素樸與感傷這兩種詩歌類型統攝合一。

描述方式也有客觀、主觀之分

在席勒之後，謝林承繼、並補充了他的說法，指出素樸詩無論是描述對象或方式都是客觀的，詩人就在自然裡，無意識地描述著與自己和諧相融的客體對象；而感傷詩無論描述對象或是描述方式都是主觀的，詩人把自然當作外在對象，常是多愁善感地描述著主體自身的強烈情緒。

席勒對「素樸」與「感傷」詩的理解

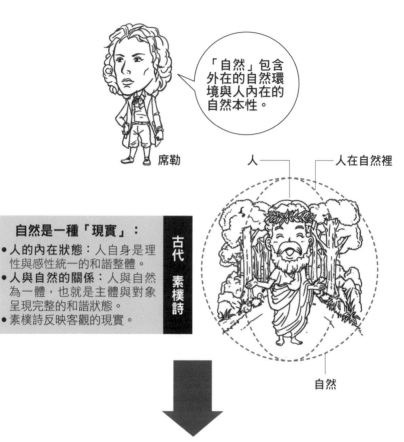

席勒：「自然」包含外在的自然環境與人內在的自然本性。

人 ——— 人在自然裡

自然是一種「現實」：

古代 素樸詩

- **人的內在狀態**：人自身是理性與感性統一的和諧整體。
- **人與自然的關係**：人與自然為一體，也就是主體與對象呈現完整的和諧狀態。
- 素樸詩反映客觀的現實。

自然

人 —— 人與自然分離

自然是一種「概念」：

近代 感傷詩

- **人的內在狀態**：人自身的想像力與思考力相互衝突。
- **人與自然的關係**：浪漫的詩人追尋自然，也就是從主體的主觀角度來看待已分裂的對象。
- 感傷詩表現主觀的理想。

自然

古典 vs. 浪漫③

藝術分為象徵、古典、浪漫三類

黑格爾繼承了席勒的思想，並進一步將「古典」與「浪漫」的觀念發揚光大，用來定義藝術發展的不同時期，藉此揭示了藝術發展中精神內涵與表現形式相互消長的發展過程。

黑格爾提出藝術發展分期論

黑格爾的《美學》主要以藝術哲學為探討內容，全面檢視了藝術發展的歷程，為歷代藝術觀念的演變建立起宏大的體系。他依時代區分出「象徵型藝術」、「古典型藝術」以及「浪漫型藝術」三個發展階段，且分別和「崇高」、「優美」與「醜」等審美概念相對。

「內容」與「形式」各有消長

整體而言，這三階段顯現出人類精神「內容」與表達「形式」的消長關係。在象徵型藝術階段，人的精神理念剛初步發展而尚未成熟，無法尋得最適切的表達方式，因此其藝術特徵是用某些帶有象徵意義的強烈形式、符號，傳達某種抽象神祕、不易清楚掌握的理念。到了古典型藝術階段，人類的精神內容和表達形式已達到和諧一致，藝術作品也呈現出內容與形式的平衡，是黑格爾心中最完美的藝術。至於浪漫型藝術階段，此時表達形式雖發展成熟，但人們已經意識到形式是有限的，難以傳達精神內容的無限，因此是一種以有限的形式表達無限的內容的藝術，與象徵型藝術恰好成為極端對照。

三種類型藝術的代表與特色

象徵型藝術以波斯、印度與埃及等民族的建築藝術為代表，形式雖然具體而強烈，但內容顯得抽象神秘。這類藝術常因巨大或特殊形式令人感到震撼，而引發觀者的崇高感。

古典型藝術的特徵是精神內容與表達形式的均衡一致，尤其以希臘人體雕像最具代表。那些節制冷靜、比例和諧、表情平靜的雕像正是人類精神的具體化身，表現出靜穆和諧的優美。

浪漫型藝術則泛指中世紀以後的歐洲基督教藝術，它的特徵是強調精神內容本身的美，因此，必然要呈現出死亡、痛苦等不美的因素，目的在於透過否定它們以展現出精神的無限與自由。舉例來說，浪漫型的繪畫藝術中常見到描繪基督受難、犧牲、死而復活的宗教題材，藉以表達對有限形式（會疼痛、死亡的肉體）的否定，而無限的精神（神聖、永恆的精神）也因此得到解放。並且，仇視基督者的形象在這類受難圖中也常被描繪得較為醜陋、畸形，以表示他們內在精神的醜惡。

黑格爾的藝術發展分期論

象徵型藝術
The Symbolic Form of Art

- 以波斯、印度與埃及等建築藝術為代表。
- 人類精神的內容剛在發展階段、尚未成熟，無法尋得最適切的形式表達方式。因此象徵的形式符號和意義之間雖有關聯，但並不明確。
- 常以巨大或特殊形式令人感到震撼，進而引發崇高感。

內容

形式

例埃及的金字塔建築。

> 黑格爾認為這類藝術最美。

古典型藝術
The Classical Form of Art

- 以希臘的雕刻藝術為代表。
- 人類精神的內容和形式達到和諧一致，人類精神內容被具體表現為節制冷靜、比例和諧、表情平靜的靜態人體雕像。
- 表現出靜穆和諧的優美。

內容
形式

例希臘雕刻家米隆（Myron）作於西元前 5 世紀的《擲鐵餅者》（Discobolus）。

浪漫型藝術
The Romantic Form of Art

- 以歐洲自中世紀起至 18 世紀的基督教文化藝術為代表，尤其以題材為宗教情懷、騎士精神的繪畫為主。
- 意識到人類精神內容的無限，幾乎難以透過物質形式完滿地表現。
- 比起和諧的形式之美，更強調精神與情感的表露。因此常透過醜惡的耶穌受難情境來呈現深刻的精神。

內容

形式

例博斯（Hieronymus Bosch）畫於 1515 年的《背著十字架的基督》（Christ Carrying the Cross）。

醜與荒謬
醜和荒謬豐富了美的內涵

「醜」起初僅是「美」的相對存在，但隨著人們思考藝術如何「化醜為美」，並注意到它與「崇高」、「喜劇」的關聯性，「醜」終於成為近代美學中不可輕忽的審美範疇，甚至更引發學者對「荒謬」這一極端審美感受的思考。

醜的基本定義是「不美」

「醜」這個概念最初沒有自己獨立的定義，而僅被視做是美的否定表現；也就是說，醜就是不美。如羅馬時期的普羅丁承繼柏拉圖的「理型」說，認為事物的美是由理型所賦予，而把「醜」定義為尚未由「理型」賦予充分適當的形式，以致尚未被某一形式或理性管轄的事物。而美學之父鮑姆嘉登也認為「醜」是與美相對的不完善的形式。

並且，由於美能予人愉悅的感受，所以醜便相對地被認為是令人感到不愉悅的事物；即使是在十八世紀末首先提出應有「醜的理論」的施萊格爾，也仍然將它定義為「惡的、令人不愉悅的表現」。

藝術可以化醜為美

自十六世紀文藝復興的藝術創作風潮興盛之後，人們開始思考現實的醜陋事物是否可化為美的問題。一般認為，醜陋的對象可以做為藝術素材之一，只要經由藝術技巧的經營安排，便可呈現出比例和諧的作品，不致令人有不愉悅的感受。如十八世紀的美學家萊辛便以不表現出痛苦表情、仍維持和諧體態的拉奧孔雕像為

例，說明雕塑、繪畫雖有模仿醜的能力，但它們拒絕表現醜陋。不過，另一方面，他認為文字描述所傳達的不愉悅感較視覺藝術大為減輕，因此同意詩歌可以描繪醜陋事物，以達到戲劇性和恐怖性的效果。

醜與「喜劇」及「崇高」相關

雖然「醜」並不等於「可笑」，但亞里斯多德在談論喜劇時已經將「滑稽」視做是「醜」的一種類型。十九世紀俄國學者車爾尼雪夫斯基也同意，有時喜劇的基礎正在於醜陋的人物並不覺得自己醜，反而力求炫耀自己的美。這種說法正與東施效顰的令人發噱不謀而合。

另一方面，柏克和康德則注意到與美相對的醜可能與崇高相關。儘管醜本身不一定崇高，但是醜陋若能與引起強烈恐怖的那些性質相互結合的話，便可能引發崇高感。

也因此，隨著美學家對「喜劇」和「崇高」的高度關注，與兩者都密切相關的「醜」在十九世紀受到了前所未有的關注，正式躋身進入美學的重要審美範疇之列，許多學者紛紛提出相關討論，如十九世紀的羅斯克蘭茲便著有《醜的美學》專論。

「醜」與相關審美範疇的發展關係

18 世紀之前

- 較重視悲劇與優美兩種傳統審美範疇。
- 醜往往只被視為是美的否定對照，不被認為是審美範疇之一。

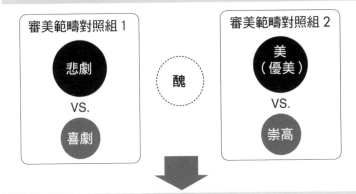

審美範疇對照組 1

悲劇

VS.

喜劇

醜

審美範疇對照組 2

美
（優美）

VS.

崇高

18 世紀～ 19 世紀中

- 隨著 18 世紀以來美學家對「喜劇」和「崇高」的高度關注，與兩者皆密切相關的「醜」在 19 世紀正式成為重要審美範疇之一。

喜劇　醜　崇高

喜劇中可逗人發笑的滑稽性質，是不具痛感的醜陋。

醜陋若與令人感到恐怖的性質結合，便可能從痛感引發崇高感。

19 世紀中～ 20 世紀

- 「醜」不再是美的對立，而是構成美的一部分。
- 荒謬於 20 世紀成為審美範疇，它有更強烈的否定一切的特性。

以否定美的方式成為美的一部分。

醜

一體的兩面

美
（優美）

荒謬

無論美醜都毫不在意，否定一切。

醜就是整體之美中的一部分

　　儘管醜被認為是令人不悅的事物，以致在藝術中往往美化其形象，但這並不表示醜陋本身絲毫沒有價值。早在中世紀，聖奧古斯丁便認為，若從整體的角度來看，個別的醜陋事物反而能烘托出美的整體存在，就像是雕像需要以陰影來襯托出整體造型之美。換句話說，他認為醜並不是與美相對的存在，而是存在於美之中的某種襯托，醜是以做為部分差異的方式來強調整體的和諧之美。

　　十八世紀的黑格爾在論述以基督教繪畫藝術為代表的「浪漫型藝術」時也指出，由於浪漫型藝術看重的是精神的表現，因此無論是偉大或渺小、高尚或卑微、有道德或醜惡的事物，在這類藝術裡都有表現的空間。十九世紀的羅森克蘭茲進一步提出，若是想完整的而非片面的描寫理念（人類精神）的具體表現，那麼藝術就不能侷限於描繪單純的美，而必須將醜也納入描繪對象。總而言之，醜在藝術中也有一席之地，因為它是從屬於美的一部分。

荒謬是對美醜的毫不在意

　　「荒謬」（absurd，又譯為荒誕）則是自醜於十九世紀躋身審美範疇之後，另一個新興於二十世紀的審美範疇。其源自拉丁文「absurdus」（surdus，意為耳聾），其意涵為不合理的、悖理荒唐的。一般而言，荒謬以醜陋、殘缺、扭曲、變形、不和諧為表現特徵，和醜一樣給人不悅的情緒感受。不過，醜給人的不愉悅感，是因為人們感到「不美」，也就是說，醜是以否定的形態來表現出對美的嚮往。至於荒謬則更強烈表現出否定一切的特性，它完全消解了對美的肯定，取而代之的是一種虛無、無所謂的感受，不在乎美，也不在乎醜，無論美醜，都同樣無意義可言。

　　荒謬和「存在主義」哲學思潮同時因二次世界大戰的時代背景興起。荒謬不僅否定了美，更否定理性的作用，不再存有對美的期待，也失去對存在意義的信念。如存在主義學者卡謬指出，理性的人在遭遇到「毫無道理的世界」後便產生了荒謬感。換句話說，荒謬就是以人與環境的脫節，及不可理喻的失序與混亂，來表達人因人生之無意義而受苦、失落的精神狀態。

　　荒謬劇是最能傳達荒謬美學的藝術，它常以醜惡滑稽、引人發笑的表現方式，如病態的人物、荒唐的言語、無聊而重複的動作，來表示人們在這冷酷世界中莫名所以的生存狀態，貝克特的《等待果陀》即為代表作。荒謬劇雖然呈現的是滑稽可笑的喜劇形式，但它所表達的卻是嚴肅的悲劇主題，直指生命在死亡面前的荒謬本質，讓觀眾在哭笑不得中湧生對生命最深刻的恐懼，產生類似觀賞悲劇時所因起的審美情緒。

貝克特《等待果陀》的荒謬美學

《等待果陀》對荒謬的詮釋手法是：

- 透過人物形象的設定（醜陋、殘缺）和其言行舉止（誇張、失序）的表現傳達出荒謬感。
- 情節的重覆，代表了生命的無聊重複。
- 始終未說明為什麼要等果陀來的理由，也暗示著生命的荒謬無意義。

人生真的像一齣荒謬劇嗎？

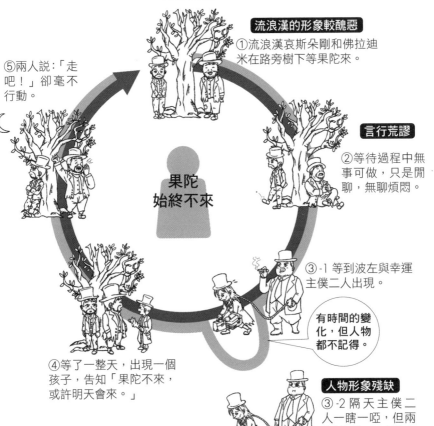

Start

流浪漢的形象較醜惡

①流浪漢哀斯朵剛和佛拉迪米在路旁樹下等果陀來。

言行荒謬

②等待過程中無事可做，只是閒聊，無聊煩悶。

③-1 等到波左與幸運主僕二人出現。

有時間的變化，但人物都不記得。

人物形象殘缺

③-2 隔天主僕二人一瞎一啞，但兩人都不知何時發生也不知原因。

④等了一整天，出現一個孩子，告知「果陀不來，或許明天會來。」

⑤兩人說：「走吧！」卻毫不行動。

果陀始終不來

➡ （第一幕）第一天

（第二幕）次日。 同時。同地。

111

Chapter 5
中國美學的
重要範疇

儒家和道家思想是中國美學最重要的兩大
養分來源，如氣、風、象、境、韻、味等
具代表性的語彙，神與形、虛與實等對照
性的概念，以及「和」、「淡」、「自然」
三種典型的理想風格，這些從東方文人哲
士們關於宇宙秩序、自然景致、人文藝術
等各種領域的審美觀所衍生出的種種美學
範疇，都呈現出兼容儒道、有別於西方美
學的獨特風貌。

學習重點

✓「氣」在藝術活動中發揮了什麼作用？

✓「意象」與「意境」有哪些異同？

✓「韻」如何從音樂概念昇華為一種理想風格？

✓ 關於「遺味」、「餘味」之美，有哪些人物提出相關主張？

✓ 顧愷之認為描繪人物時「傳神」的關鍵何在？

✓ 中國戲曲表演如何呈現出「虛實相生」的美？

✓ 儒家認為音樂有哪幾種層次的和諧之美？

✓「平淡」指的是什麼樣的美感？

✓「自然」一詞有哪兩種意涵？在魏晉南北朝時有怎樣的發展？

從氣性論發展出的美學思維

「氣」向來是重要的中國哲學命題，中國人認為「氣」不僅是構成宇宙的基本元素，也是人生命的根源，還是藝術中不可或缺的重要因素，它賦予藝術品動人的生命力，進而展現出千變萬化的不同風格。

世界由陰陽二氣交互運行形成

「氣」字最原始的意涵是指自然的雲氣，如許慎《說文解字》便定義：「氣，雲氣也。象形。」不過，從先秦起，中國人就開始賦予自然之氣更深刻的意涵。人們觀察風起雲湧、變化莫測的自然雲氣，體認到其中隱藏著生生不息的動力，因此認為，天地萬物是在「陰陽」二氣的交互作用、相互調和中而形成。

《老子》最早提出這種陰陽氣化的宇宙觀點，說明宇宙萬物的生成過程：「道生一，一生二，二生三，三生萬物。萬物負陰而抱陽，沖氣以為和。」後來《管子》接續《老子》的論點指出，在氣化流動的宇宙中存在著最根本、精粹的「精氣」，它是萬物生命力量的來源，包含人類在內的萬物皆由「精氣」所化生。「氣聚為人」的觀念也出現在《莊子·知北遊》中：「人之生，氣之聚也。聚則為生，散則為死。」總而言之，在先秦時，不僅已經確立了「氣化宇宙論」基調，也已經揭開了「氣性論」的序幕。

人的生命和特質都源自於氣

漢代思想家延續先秦諸子們的氣論，如《呂氏春秋》、《淮南子》等，尤其以漢代經學家董仲舒為集大成者。他融合陰陽五行的思想，以「天人相感」為關鍵，強調人與宇宙之氣的相互感通、呼應，建立起一套使天地四時、政治人倫、人體樣貌和性格氣質相互對應的秩序體系，提出「人副天數」的主張。至此，「氣」不僅是宇宙萬物、和人類生命的根源，而個人的性情也是由天生秉受的氣所決定。

「氣性論」因而自漢代起正式成為通說。例如王充的《論衡》和劉劭的《人物志》都強調每個人的質性、壽夭、貴賤、善惡、賢愚都取決於與生俱來的氣。「氣性論」的思想深深影響了中國人的文化心靈，並反映在「一氣尚存」、「元氣大傷」、「氣質」等詞彙上。

文以「氣」為主

先秦兩漢確立的「氣性論」，進一步促成「氣」的概念滲入審美領域。做為一種審美概念的「氣」，首先出現在東漢中葉以降的人倫品鑑活動中，人們開始談論人的氣質、氣度，欣賞人物精神之美。隨後，魏文帝曹丕在〈文論〉中明確指出「氣」

中國先秦兩漢氣性論的發展

氣原指自然的雲氣

許慎《說文解字》：「氣，雲氣也。象形。」

先秦 氣是宇宙生成的起源

代表《老子》

提出氣化宇宙論的圖象。

● 「道生一，一生二，二生三，三生萬物。萬物負陰而抱陽，沖氣以為和。」

陰氣 ＋ 陽氣 ➡ 萬物

此即為「道」

先秦〜西漢 氣是人類生命的來源

代表《管子》

宇宙中最根本、精粹的「精氣」，是人類生命力量的來源。

● 「有氣則生，無氣則死，生者以其氣。」（《管子·樞言》）

生者　　　　死者

代表 董仲舒《春秋繁露》

強調人與宇宙之氣的相互感通，人的生命與形體特徵都和天相符。

● 「莫精於氣，莫富於地，莫神於天。天地之精，所以生物者，莫貴於人。……唯人能偶天地。」（〈人副天數〉）

人		天
四肢	—	四時
五臟	—	五行
三百六十六節骨骼	—	一年之日數

東漢 人的生命、性格都取決於天生的氣性

代表 王充《論衡》

人的壽夭、貴賤、善惡、賢愚皆稟受於天賦的元氣。

● 「人之善惡，共一元氣。氣有多少，故性有賢愚。」（〈率性〉）

賢者　　　　　　　愚者
氣多　　　　　　　氣少

代表 劉卲《人物志》

人的各種特徵皆取決於天生之氣，不可更改，而有兼才和各種偏才的差異。

● 「凡有血氣者，莫不含元一以為質，稟陰陽以立性，體五行而著形。」（〈九徵〉）

我會寫詩！　　我會帶兵！　　我文武雙全！

偏才　　　　偏才　　　　兼才

在文學活動中的關鍵地位：「文以氣為主。氣之清濁有體，不可力強而致。」「氣」是每位作家的個人才華，也就是「才氣」，而每個人的才氣不同，是不能勉強改變的。曹丕對「氣」的討論從「作者論」出發，強調藝術家的生命力和創造力的重要性，而將藝術創作視做是「氣」運作之後的表現。這觀念後來擴及各類藝文創作，可以說，在中國傳統思維中，不僅文學重視藝術家之「氣」，各種藝術也同樣都是創作者之「氣」的具體化呈現。

氣的搖盪是藝術創作的泉源

除了藝術家本身所具之「氣」外，古代文論家們也已經注意到自然中流動的「氣」對藝術創作活動的影響，如鍾嶸《詩品·序》的說法便很具代表性：「氣之動物，物之感人，故搖盪性情，形諸舞詠。」既然元氣構成萬物的生命，推動萬物的變化，那麼與萬物同處於氣化流轉環境中的人們，也不免以自身之氣與外在的自然萬物互相感應，從而產生情感的起伏波動，藝術創作的衝動也隨之而生。如中國傷春、悲秋的文學創作傳統，便充分反映出文人的情緒受自然四時變換而興起的情緒流轉現象。

由「氣」至「風」的展現

不僅如此，自魏晉南北朝後，在藝術鑑賞中，「氣」更可用來指涉藝術作品本身的生命力，如劉勰的《文心雕龍》便以「辭氣」指稱文章的整體風貌。又如謝赫繪畫「六法」中居於首位的「氣韻生動」，原本是強調應在畫中鮮活地呈現出所畫人物的生命精神；但畫中人物既然已經是藝術形象，那麼，「氣韻」自然也可用來強調藝術品本身表現出的精神風貌。而後人也用「氣韻」一詞來評論山水畫作、文章詩歌。此外，同樣可用來形容藝術作品的精神風貌的，還有「氣勢」、「氣力」、「氣象」等與「氣」相關的概念。

應注意的是，正所謂「文如其人」，作品也可視為是作家人格、性情、氣質的表現；作品所呈現出的「氣」除了仰賴作者的表現技巧外，更與作者自身的「氣」緊密相關。為了清楚辨析作者與作品之氣的關係，劉勰借用人倫品鑑中的「風骨」一詞，區別出「氣」和「風」這兩種概念。他認為，「氣」是作者貫注於文中的情感力量，是促成作品誕生的材質或根源；「風」是此種具感染力之力量的外顯表現，也就是作品形式所呈現出的表現樣貌。劉勰對作品中的「氣」和「風」的理解，更有助於我們釐清「氣」在藝術創作中的不同層次、作用與意義。

「氣」在藝術創作、鑑賞過程中的作用

「氣之動物」

陰 ⟵⟶ 陽

外在自然
以陰陽二氣之互動
所形成之自然。

「物之感人」

創作者

本身須具才氣，且每個人的才氣不同。

例 曹丕〈論文〉：「文以氣為主。氣之清濁有體，不可力強而致。」
「引氣不齊，巧拙有素，雖在父兄，不能以移兄弟。」

「搖盪性情，形諸舞詠」

藝術品

作者將自己的才氣、情感灌注在藝術品中，使藝術品充溢著「氣韻」、「氣勢」，呈現出可被接受者具體感受的「風骨」、「風力」。

例 劉勰《文心雕龍》：「意氣駿爽，則文風清焉。」
◐ 若作者的精神氣概秀拔爽朗，其作品就會顯出清雅的風格。

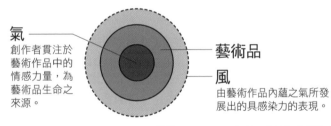

氣
創作者貫注於
藝術作品中的
情感力量，為
藝術品生命之
來源。

藝術品

風
由藝術作品內蘊之氣所發
展出的具感染力的表現。

「風清骨峻，篇體光華」
作品向讀者展現出風骨、風力。

接受者

從作品中感受到作品與作者的生命力。

例 鍾嶸和陳子昂以「建安風力」和「漢魏風骨」來稱讚建安時期文學作品的獨特美感。

藝術創作到鑑賞過程

意象是凝聚情意的藝術結晶

《周易》是本重要的哲學著作，它對「象」的重視也滋養了中國古典美學的發展。
自《易傳》確立「立象盡意」的哲學命題，又經王弼的詮釋後，「意象」在六朝時
轉而成為重要的美學概念，被視為是創作者經心靈作用而形成的藝術形象。

《周易》的「立象盡意」論

《周易》以陰、陽二爻為基礎，推展出八卦，再演化出六十四個卦象，以說明自然與人事運行變化的道理。據說，八卦之象是由伏羲氏在觀察天地萬物的自然形象後所製成的形象符號，這種「設卦觀象」、「觀物取象」的思維，成為後人從物象中孕生出意象的理論基礎。

《繫辭傳》中更指出，聖人是因意識到「言不盡意」，所以才製造卦象，「立象以盡意」。也就是說，語言在表達思想感情等意念時難免有侷限，不能窮盡意念的完整內涵；而「象」卻能充分表達出聖人難以言明的深遠之意。儘管「立象盡意」的命題原本關心的並不是藝術形象的創作問題；但由於卦象和藝術形象都涉及與外在物象的關係，也都以「達意」為目的，「立象盡意」的概念因此成為「意象論」的重要根基。

王弼強化「意—象」的連結

魏晉哲學家王弼為《周易》做注時，清楚區別出「意—象—言」三者的層次關係，指出象生於意，是理解意的最佳方式；而言生於象，是掌握象的最佳方式，所以「盡意莫若象，盡象莫若言」。他的詮釋一方面繼續強化了「意—象」的連結，另一方面也讓「意—象—言」關係不再專指卦意、卦象、卦辭，也可泛指一般性的言語、物象和意念，而催生了美學範疇中「意象」概念的形成。

意象是蘊含情意的藝術形象

具有美學概念的「意象」一詞，正式出現於魏晉南北朝劉勰《文心雕龍·神思》，文中描述詩人創作過程時說到：「獨照之匠，窺意象而運斤。」文末又做出總結：「神用象通，情變所孕。」劉勰認為「意象」是「意中之象」，也就是詩人憑藉著神妙的想像，使自身情意和外在景物相互契合時，依據物象在心中營構出的，蘊含著情意的藝術形象。

此後，「意象」成為中國古典詩歌最重要的元素之一，歷代文學家、批評家多看重「意象」的表現；甚至，從詩人有意無意間偏好運用的「意象」，也可一窺詩人的心靈風景。如陶淵明詩中的飛鳥貼合著他嚮往自然的真淳本性，李白詩中的大鵬則展示他飛揚洋溢的天才與自信。又如宋朝末年的畫家鄭思肖，也將亡國失根的悲憤之情，寄寓在連根帶葉飄在空中的蘭花意象中。

「意—象—言」的關係

 意

- 是人在心中形成的各種意念、感受。
- **得意而忘象**：若能了解心意，就可以忘卻用來表達它的形象。

游子滿懷鄉情，內心充滿看似自由卻無所依靠的感受。

意生象　尋象以觀意

 象

- 是人用來傳達心意的形象。
- **盡意莫若象**：形象最能直接表達心意。
- **得象而忘言**：若能掌握形象，就可以忘卻用來說明它的言語。

想到了飄盪四方，變動無端的浮雲形象。

象生言　尋言以觀象

 言

- 是人用來說明形象的言語。
- **盡象莫若言**：最能充分解釋形象。

用文字說明形象所代表的意義，如李白〈送友人〉：「浮雲遊子意，落日故人情。」

象 vs. 境
從「象外」到「意境」的追求

「象」在魏晉時期正式從哲學領域轉而成為美學概念，王弼的「得意忘象」說法也被文藝評論家們所承襲，他們注意到象的有限性，主張超越「象外」。唐人更提出「境論」，主張追求「象外之象」。

「得意忘象」的審美轉化

王弼不僅提出完整的「意─象─言」體系，提供後代「意象」說堅實的理論基礎；同時，他更吸收了《莊子・外物》「得魚忘筌」、「得意忘言」的觀點，提出「得象忘言」、「得意忘象」的論點，認為若是以目的為重的話，那麼只要能了解目的，便可捨卻傳達的手段或方式。由他重新提出的「得意忘象」的哲學命題，也啟發人們超越有限的表象，去追尋蘊於形象之中的深意，對後來「意境」美學概念亦影響深遠。

繪畫重視對「象」的超越

在「意象」一詞正式進入美學範疇的同時，文藝評論家們也開始注意到「象」的有限性。如南朝宋的宗炳在〈畫山水序〉中提出「澄懷味象」的說法，強調對「象」的審美經驗，是要透過對鑑賞有限的「象」，進而察覺到事物本身無限的精神之美。他以自己欣賞山水畫的經驗提出「澄懷觀道」的觀賞態度，認為賞畫的重點不在於觀賞景色的形象之美，而在於對蘊藏於山水景象中的「道」的觀照。南朝齊的謝赫也於《古畫品錄》中提到：「若拘以體物，則未見精粹，若取之象外，方厭膏腴，可謂微妙也。」他首次在美學領域中明確提出「取之象外」的主張，認為繪畫不能只描繪對象的外貌形象，而應超越「象」有限的象，追求更為無限深奧的精神意蘊。

「境」論注意到心、境交融

魏晉以來興盛的佛教，常用「境」字來指稱人的感知對象，如有色、聲、香、味、觸、法等六境。唐代王昌齡或許受到這思想啟發，在《詩格》中提出「境論」，依照景物、情感及意念三種描寫對象，區分出「物境」、「情境」及「意境」三類詩歌境界。

值得注意的是，王昌齡的「意境」一詞是指由描繪意念而形成的詩境，它的概念和日後人們認為「意境」是由內心意念和外在物象相互交融而成的共識並不完全等同。不過，王昌齡在討論創作構思活動時已不只一處提到「心」與「境」的交互活動，又將「物」、「象」、「境」三者相提而論，如：「搜求於象，心入於境，神會於物，因心而得。」又說：「置意作詩，即須凝心，目擊其物，便以心擊之，深穿其境。」可見

從「象」到「境」的發展

「象」源出哲學範疇

觀物取象
人觀察自然事物，而取用其形象。
代表 首見於先秦：《周易·易傳·繫辭傳》

立象盡意
人之所以創立形象，是為了充分表達意念。
代表 首見於先秦：《周易·易傳·繫辭傳》、魏·王弼《周易注》

得意忘象
象是用來傳達意的方式，不能只停留在象上。
代表 首見於魏·王弼《周易注》

「象」成為美學概念

詩歌創作重視「象」
詩人憑藉神妙的想像，依據物象營構出蘊含著情意的藝術形象。
代表
● 首見於西晉：劉勰《文心雕龍·神思》：「獨照之匠，窺意象而運斤。」
○ 醞釀好文思的詩人，就能著眼於心中蘊含情感的意象，揮灑自如地進行創作。

繪畫強調超越象而追求意
賞畫是透過對「象」的品嘗，進而察覺事物本身的精神之美。作畫時也應超越描繪有限的形象，追求象外無限的精神意蘊。
代表
● 南朝·宗炳〈畫山水序〉提出「澄懷味象」
● 南朝·謝赫《古畫品錄》「取之象外」

「境」的出現，更豐富了美學範疇

以「境」論詩，強調心、境交融
從藝術創造的想像活動來論意境的生成。就如詩人透過凝心觀照物象，在心中聚化為清晰明朗的境象。
代表
● 唐·王昌齡《詩格》：「置意作詩，即須凝心，目擊其物，便以心擊之，深穿其境。如登高山絕頂，下臨萬象，如在掌中。」
○ 詩人作詩需要凝定心神，專注眼前景物，才能深入其境。就像登上高山時俯瞰下方景象，一切有如可一手掌握。
● 唐·司空圖〈與王駕評詩書〉提出「境與思偕」

連結象與境，主張「境生於象外」
詩歌還可以呈現由眾多之象聚合而成的整體風景氛圍，也就是超越「象」外的「境」。
代表
● 唐·劉禹錫〈董氏武陵集記〉提出「境生於象外」

象外之象
了解到「象」有限性，認為詩歌應更追求虛幻朦朧的「象外之象」。
代表
● 唐·司空圖〈與極浦書〉：「『詩家之景，如藍田日暖，良玉生煙，可望而不可至於眉睫之前也。』象外之象，景外之景，豈容易可談哉！」
○ 「詩人創造的詩景，就像藍田美玉在日照下煥發的如煙光彩，是可望不可及的。」像美玉生煙這樣的象外之象，真不容易談論啊！

他提出的「境」與「象」的性質相似。王昌齡又以山水詩的創作為例，認為創作者要先「處身於境，視境於心」，凝心觀照身處物境（自然景物）中的各種物象，並在心中聚化出清晰明朗的境象，然後才能成詩。可以說，王昌齡談論「境」時已注意到心、境的交融，他的「境論」隱約具有日後「意境論」的色彩。

超越「象」外的整體之「境」

中唐的劉禹錫更上承謝赫「取之象外」的觀點，直接提出「境生於象外」的說法，明確指出「象」與「境」的關係。他認為相較於孤立的「象」，「境」不僅由眾多物象聚合而成，還是超越了個別物象的整個風景，範圍更為宏闊。換句話說，「意象」重視的是情意與單一物象的契合，而「意境」追求的便是情意與由眾多意象疊合而成之全境的契合。

舉例來說，如馬致遠著名的〈天淨沙〉：「枯藤老樹昏鴉，小橋流水人家，古道西風瘦馬。夕陽西下，斷腸人在天涯。」便是由個別孤立的意象構成一個完整的意境。在這意境中，各種意象不只是獨立的存在，而是都以廣漠的天涯為背景，在同一片空間中彼此之間形成連結，而人物因漂泊無依而形成的斷腸愁緒，也因此更加在空間中蔓延擴張。

司空圖在〈與王駕評詩書〉中承繼劉勰「神與物遊」、「神用象通」的說法，同樣從藝術創造的想像活動來論意境的生成，提出「思與境偕」的命題。此外，司空圖在〈與極浦書〉中也延續謝赫、劉禹錫的「象外」論，提出「象外之象」、「景外之景」的存在。他並引述戴叔倫的話進行說明：「詩家之景，如藍田日暖，良玉生煙，可望而不可置於眉睫之前。」他以「可望而不可置於眉睫之前」來形容「詩家之景」，對比了藍田美玉和它所煥發的如煙光彩，強調詩歌應了解「象」（玉）的有限性，而追求某種虛幻朦朧的「象外之象」（玉之光彩）。因此，可以說「境」是一種虛實相生的「象」。

象與境的同與異

整體而言，意象和意境的本質是相似的，兩者都是某種經過心靈作用後表現出的藝術形象，都強調表現出的景物必須涵融主觀的成分。而意象與意境最為關鍵而彼此相通的美學精神，正在於形象和意念的融契無間，使看似自然的物象、物境能中透顯出深切的情感或悟理。

當然，意象和意境仍有差異，因為意境不僅是眾多物象的集合，更包含了眾象之間的虛空，也就是使情緒得以像煙霧流動、瀰漫其中的空間背景。可以說，意境是對意象的補充，它強調的不是個別孤立的物象，而是因虛實結合，而更形豐富完整的整體境界。

「象」與「境」的比較

	意象	**意境**
說明	意象是蘊有情意的單一藝術物象。	意境不僅包含眾多物象的集合，還包含存於眾象中的空間，是一種虛實相生的整體藝術境界。
共通點	• 都是經過心靈作用後表現出的藝術形象，都強調形象與意念的融合無間。 • 必須將主觀的成分融入看似自然的象或境，使象或境透顯出深切的情感或悟理。	
代表學說	西晉·劉勰《文心雕龍·神思》：「獨照之匠，窺意象而運斤。」，「神用象通，情變所孕。」	唐·王昌齡《境論》：「視境於心。」唐·劉禹錫〈董氏武陵集記〉：「境生於象外。」
效果	專注營造單一具體物象，使其展現出深刻、純粹的情感，令人印象深刻。	可透過眾多具體物象加深、豐富情意；而境中的空間，也有助於渲染整體情境氛圍。
實例	例 李商隱〈無題〉：「蠟炬成灰淚始乾。」 ➡ 蠟燭直到燃燒殆盡，化為灰燼的那刻才會停止流淚。	例 李白〈黃鶴樓送孟浩然之廣陵〉：「孤帆遠影碧空盡，唯見長江天際流。」 ➡ 友人搭乘的船逐漸化為遠方一抹孤獨的帆影，隱沒在藍天的盡頭，只見長江仍滔滔滾滾，流奔向天際。

意象
人將自己至死不渝的深切情意，凝聚在蠟燭垂淚不止、至死方休的樣態中。

象
燃燒時會融為蠟油的蠟燭。

意
與情人別離，而夜夜垂淚的相思癡情。

象
奔流不息的江水，與漸行漸遠的船帆。

意
送別友人，遠眺許久仍不能消散的離愁。

意境
境中有船帆、江水等意象，更有寬闊直至天際的碧空，使虛實相映，天地間滿布不可止息的離愁別緒。

韻
餘韻是種悠然無盡的美

「韻」字的本義與音樂的聲調、語言的押韻等音韻概念相關，但後來人們更用「韻」來形容人物、書畫、詩文的美，將「韻」理解為一種悠遠無窮的餘音，肯定其美足以令人回味再三。

「韻」的本義與音樂相關

學者對「韻」字最早出現於何時有不同見解，但可以肯定直到東漢末年琴藝發展成熟時，文學家才開始頻繁使用「韻」字。在文學家的筆下，「韻」字除了形容琴音的和諧外，也可指「音樂宮調」，更引人注意的是還可用來暗示「餘音」之美。事實上，在先秦典籍《列子・湯問》中便已提到「餘音繞樑，三日不絕」，可見中國的審美心靈很早就領略到幽微餘音的美感。

音韻→風韻→氣韻

「韻」這個字從原本指具體聲音擴散、渲染而成的氛圍感受等音樂概念，逐漸轉為更具精神性的審美概念，成為人物品鑑的術語。如《世說新語》中常用「風韻」一形容人物展現出的整體風度、神貌、內在情性。陶淵明〈歸園田居〉詩中也用「韻」來表示自己的精神樣貌，說自己是「少無適俗韻，性本愛丘山」。

此後，人們多將「韻」和「氣」、「神」等性質相類的字並提，如謝赫在評論畫作時即以「氣韻生動」為理想。「氣」是一種接近生命力的精神力度，「韻」則是由內在情致發散出的一種籠罩整體的氛圍。兩者並不相等，但「韻」的雋永確實有賴於「氣」的支持。

也因為「韻」強調悠然曠遠的整體氛圍，所以後人又用它形容某種雅逸的韻致。如黃庭堅提出「凡書畫當觀韻」，認為同樣透過筆墨流轉在空間中創造律動的書畫都講究以「韻」取勝，也就是以展現脫俗不凡的高雅情韻為美。

詩歌也追求「餘韻」之美

此外，「韻」起初也指聲調、押韻等元素，如劉勰《文心雕龍・聲律》的定義：「同音相從謂之和，同聲相應謂之韻。」但自唐、宋起，「韻」更被提升成一種論詩的審美標準，如司空圖追求詩歌的「韻外之致」，認為應以超越實際聲韻的整體韻致為美。

宋代范溫的《潛溪詩眼》則正式確立「韻」是一種審美範疇，不僅明確定義「韻」是「有餘意」，又追溯「韻」從漢到宋的概念演變，點出當時文人認為凡是美的事物必定有「韻」，極度推崇「韻」的審美現象。他並總結指出：「韻者，美之極。」此後的詩論家也多延續以韻論詩的方式，著重詩中難以言傳的深遠情韻。

「韻」的涵義演變

本意為音樂之美

漢末三國時文學家開始多以「韻」形容琴音和諧之美，也暗示了「遺音」之美。

例
- 蔡邕《琴賦》：「繁絃既抑，雅韻以揚。」
- 曹植〈白鶴賦〉：「聆雅琴之清韻。」
- 嵇康〈琴賦〉：「改韻易調，奇弄乃發。」
- 陸機〈日出東南隅行〉：「悲歌吐清音，雅韻播《幽蘭》。」

人物品鑑的標準

《世說新語》中用「韻」指稱人以內在情調、個性為基礎所透顯出的整體美感形象。

例
- 衛風韻雖不及卿諸人，傾倒處亦不近。（〈賞譽〉）
- 阮渾長成，風氣韻度似父，亦欲作達。（〈任誕〉）

其他藝術的審美標準

「韻」強調悠然曠遠的整體氛圍，而被提升成一種品論書畫、詩歌的審美理想，到宋代正式出現相關的美學理論。

> **宋・范溫《潛溪詩眼》**
> **正式確立「韻」是一種審美範疇**
> - 定義「韻」是「有餘意」。
> - 指出凡是美的事物必定有「韻」。

品論書畫
齊・謝赫論畫時以「氣韻生動」為首要表現關鍵。

品論書畫
宋・黃庭堅認為「凡書畫當觀韻」。

南朝　　　唐　　　　　宋　　　　　明

品論詩歌
唐・司空圖追求「韻外之致」。

品論詩歌
明・謝榛《四溟詩話》：「氣貴雄渾，韻貴雋永。」

品論詩歌
明・陸時雍《詩鏡總論》：「有韻則生，無韻則死。有韻則雅，無韻則俗。有韻則響，無韻則沉。有韻則遠，無韻則局。」

餘味在細細品嘗後更顯醇美

相較於西方認為生理味覺有鮮明的個別差異，強調形容個人「品味」的不同，中國則更強調存於眾味之外的「餘味」是一種美學理想。大致說來，「韻」和「味」都表達中國美學對「言有盡而意無窮」的境界的嚮往。

以「無味」為「至味」

「味」是中國美學特殊的審美思維，以人人皆具的生理感官感受來說明精神層次的審美享受，其根源應來自《老子》所說：「道之出口，淡乎其無味。」無獨有偶，孔子也以「三月不知肉味」的味覺感受來形容「韶樂」帶給他的美感。

更應注意的是，《老子》顯然認為「無味」做為「味」的一種，是超越一切味覺的理想「至味」。《禮記‧樂記》也有類似說法：「大羹不和，有遺味者矣。」指出最美味的肉湯是不需調和五味（酸甜苦辣鹹），便有餘味的。漢代《淮南子‧原道訓》更認為「無味而五味形焉」，也就是無味中便包含了豐富的五味。這些說法都顯示了：對超越五味的「無味」的欣賞是中國特殊的美學概念。

文學滋味來自文采和情感調和

到了六朝，文論家開始以「味」傳達文學之美。如西晉陸機的《文賦》引《樂記》的「大羹遺味」來形容文學之美，但他更強調必須兼備內容和文采，才不致像缺少遺味的肉湯，顯得單調無味。

劉勰與鍾嶸更是「滋味」說的重要推手，他們都以「滋味」指稱人們對文學作品的審美感受。劉勰指出，如果只有華麗的詞藻卻缺乏真切的情意，那麼會令人厭倦；但另一方面，又如鍾嶸評論晉代流行的玄言詩時提到的：「理過其辭，淡乎寡味」，詩歌若只強調內容而輕忽修辭，又將流於平淡乏味。總而言之，唯有「文采」和「情感」彼此適切互動，才能釀出令人低迴不已的文學美「味」。

追求「餘味」、「味外之旨」

劉勰與鍾嶸也延續「遺味」說，提出對「餘味」的追求，如劉勰在《文心雕龍‧宗經》篇中提到「餘味日新」，鍾嶸《詩品》也讚美張協的詩「使人味之，亹亹不倦」。可見他們欣賞的「味」不是當下品嘗就消逝的單調味道，更是讓人在閱讀之後，能回味無窮的美好餘味。

唐代司空圖更在〈與李生論詩書〉中對「無味」與「餘味」的概念做出進一步發展，認為詩應追求酸鹹之外的「味外之旨」，也就是要能在表面文字之外，進一步追求難於言說的醇美餘味。而這說法也被宋代文豪蘇東坡所繼承。

以「味」形容對美的追求

用味覺感受來比喻美感經驗

自先秦就用味覺形容美感並以超越各種鮮明口味的「遺味」為最美妙的「至味」。

代表

①先秦‧《禮記‧樂記》：「大羹不和，有遺味者矣。」
　○音樂的美妙就像是上等羹湯，不須調味就有至妙的「遺味」。

②唐‧司空圖〈與李生論詩書〉追求「酸鹹之外」的「醇美」之味。

③宋‧蘇軾〈送參寥〉「鹹酸雜眾好，中有至味永。」

超越各種單一口味、最美妙的味道。

酸
鹹　遺味至味　甜
辣　　苦

以滋味論詩歌文采

認為具有「滋味」的美妙詩文，必須兼具「文采」和「情感」，才引發人的美感。

代表

①西晉‧陸機〈文賦〉：「闕大羹之遺味，同朱弦之清汜。雖一唱而三嘆，固既雅而不艷。」
　○文章若過於雅正樸質，缺乏文飾，則缺少聲色之美。

②南朝梁‧劉勰《文心雕龍‧情采》：「繁采寡情，味之必厭。」
　○只有華麗詞藻卻缺乏真切情意的話，會令人生膩。

③南朝梁‧鍾嶸《詩品‧序》：「理過其辭，淡乎寡味。」
　○晉朝盛行的玄言詩強調說理，不重修辭，顯得平淡無味。

> 例 〈迢迢牽牛星〉
> 迢迢牽牛星，皎皎河漢女。
> 纖纖擢素手，札札弄機杼。
> 終日不成章，泣涕零如雨。
> 河漢清且淺，相去復幾許。
> 盈盈一水間，脈脈不得語。
>
> 無一字直述思念的心情，只以樸素的文字淡淡說著日常的行動、和熟悉的牛郎織女的故事，情感極為含蓄。但因善用疊字修辭，透過拉長的音韻，使說不出口的情意綿延不絕，而增添了情感的強度。

肯定令人回味無窮的「餘味」

欣賞讓人在閱讀之後，能回味無窮的美好餘味；也就是追求「言有盡而意無窮」之美。

代表

①南朝梁‧劉勰《文心雕龍‧史傳》：「儒雅彬彬，信有餘味。」
　○讚美司馬遷的史記不僅記錄翔實，更有餘味。

②南朝梁‧鍾嶸《詩品》：「使人味之，亹亹不倦。」
　○讚美西晉詩人張協的詩作讓人讀過之後，經過一再反覆品味仍不厭倦。

> 例 王維〈終南別業〉（節錄）
> 行到水窮處，坐看雲起時。
>
> 用字簡單，描寫窮途的窘窒感，在隨遇而安、悠然而「坐」的態度轉變之下，反而能別開新境。而雲起渲染逐漸漫散的意象，如同無窮的生機，令人再三咀嚼仍回味不已。

形 vs. 神

以「神」御「形」的美感表現

「形」與「神」是一組密切相關的對照概念，其中以「神」為主宰。自先秦兩漢以來獲得充分發展的形神論，也在魏晉南北朝時轉入美學範疇，由名畫家顧愷之提出「傳神寫照」的著名論題。

「以神為貴」的形神論

　　「神」與「形」自先秦以來便是一組指稱人的生命狀態的對照性哲學概念，兩者須臾不離，而以「神」為主宰。概略來說，「神」字最初是用來形容宇宙萬物變化道理的奧妙，如《易傳・繫辭傳》所說的「知幾其神」，就是指能從微妙徵兆掌握事物未來發展的神妙規律。之後，「神」才用來指稱人得自於「道」的精神本性，如《莊子・知北遊》云：「精神生於道，形本生於精，而萬物以形相生。」

　　漢代的《淮南子》承繼先秦的精氣論，認為人的生命由相互聯繫的「形」、「神」、「氣」組成，發展出更全面的形神論。相較於《管子》強調「氣」是人的生命力來源，《淮南子》更指稱「神」是人內在深層精神，尤其強調「神」對「形」的主宰作用，認為「神貴於形」，所以又稱「神」為「君形者」，認為內在精神是統領形體、支配形象特徵的關鍵。書中並以替美人西施作畫為例，說明若失卻了「君形者」，便只能畫出她的美麗容貌，而不能畫出她惹人憐愛的神情。

　　不過，儘管「神貴於形」，但兩者關係正如東漢桓譚和王充提出的「火與燭」的比喻，神不能離開形而獨存，正如焰火無法脫離蠟燭而自燃，兩者實不可分離。

「傳神寫照」的美學理想

　　到東漢末期，人倫品鑑同樣看重人物的「風神」；也因此，「神」隨後轉入藝術領域，成為重要的美學概念。

　　東晉以人物畫見長的名畫家顧愷之便在《淮南子》「君形者」論的基礎上，提出「傳神寫照」的重要命題，主張繪畫以傳達人物之「神」為關鍵。他強調，眼睛正是表現出人物內在精神的「傳神」關鍵；但這實屬不易，所以他以嵇康「手揮五弦，目送歸鴻」詩句舉例，指出：「手揮五弦易，目送歸鴻難。」此外，顧愷之同時注意到「形神」不可分離的重要性，所以他也主張「以形寫神」，就像他替當時名士裴楷畫像時，便以獨到的觀察力，將裴楷臉上的三根毫毛也畫出來，以顯現其特出的神采。

　　經過上述發展，「神似」正式成為人們追求的理想美感，日後的適用範圍更加擴大，無論人物或山水畫是詩歌創作，都以超越表面描寫的「傳神」表現為美。

中國畫以「傳神寫照」為特質

顧愷之「傳神寫照」論

繪畫以傳達人物之「神」為要務，而「傳神」關鍵正在眼睛。

例「手揮五弦易，目送歸鴻難」，要畫出人物撫琴的姿態是容易的，但要畫出他遠眺的眼神是困難的。

顧愷之「以形寫神」論

「形神」不可分離，可藉由外在形貌的描繪來掌握、傳達人物的精神意態。

例 顧愷之〈女史箴圖〉（局部線描）。

女子穿著雜裾垂髾服，這些裝飾在行走時會隨風飄逸，使女子看來充滿靈動的氣質。

這些用來勾勒輪廓和衣褶線條顯得連綿不絕、悠緩自然，而被人形容「如春蠶吐絲」，又如「春雲浮空，流水行地」。

中國人物畫雖講求「以形寫神」，但更加看重「神似」，而非「形似」，強調的是凸顯人物內在的精神意蘊。

西洋人物畫比較看重真實再現人物的具體的外在形貌，描繪時注重表情、光影、肌膚光澤、骨骼肌肉等。

顧愷之〈女史箴圖〉

達文西〈蒙娜麗莎〉

虛 vs. 實
虛實相生的辯證之美

「虛實相生」是中國古典美學的重要原則，對中國的審美心靈而言，「虛空」之中總蘊含了不可言喻的奧妙與生機，別有一番天地；也因此，在各類中國藝術裡隨處可見「空靈」與「充實」相互融會之美。

「虛實相生」的哲學思維

《老子》曾說：「天下萬物生於有，有生於無。」在它所呈現出的宇宙圖像中，宇宙是以「虛」、以「無」為源頭；而萬物的發展則體現了無和有、虛和實的互動，並在這發展過程中顯出生生不息的生命力。可以說，以「無」為本的道家思想，不僅肯定「無」所具有的涵蓄力，更同時重視「有無相生」的創造力。

「虛室生白」的審美心靈

《莊子》曾以「虛室生白」一詞將人心比喻為空曠的房間，強調保持心靈的虛靜才能獲得智慧。中國古代美學也往往強調，人在美感體驗的過程中須保持心的空靈、虛靜的預備狀態，才能讓靈感自然湧現。如《文心雕龍》主張文學創造「貴在虛靜」，也就是強調作詩時得排除一切成見雜念，才能在心中產生妙想。而宋代大詩人蘇軾也說：「欲令詩語妙，無厭空且靜。靜故了群動，空故納萬境。」認為空靈的心才能涵蓋、容納一切變化，也就是「以虛納實」。

藝術中的「留白」之美

「以虛納實」的概念充分體現在中國書畫，最具代表性的就是以「留白」為特色。繪畫的「氣韻生動」不僅表現在描繪的具體物象上，更表現在畫面的虛空中給人的靈氣流動感，而繪畫的意境亦從中誕生，正如清代畫家笪重光在〈畫筌〉中所說的：「虛實相生，無畫處皆成妙境。」舉例來說，宋代畫家馬遠、夏圭多畫一角風景或半邊風景，而得名「馬一角」和「夏半邊」，兩人常在畫面中留下大片空白，而那似天、似海、又似煙霧的留白處，更令人感到無限妙趣。

書法也同樣講究「布白」，正如近代美學家宗白華所歸納出的，中國藝術意境結構的特點是「道、舞、空白」。當書法家手持墨筆，面對空白的紙面，就如同在紙上起舞般，在墨色的線條與線條間，以適當的留白而揮灑出生動的韻律，營造出虛實交錯的空間結構。

此外，中國戲曲表演也反映出「虛實相生」的原則。中國戲曲舞台往往只有一桌二椅，沒有太多道具布置，但演員卻能藉由精準的手勢、身段等表現，進行開門、關窗、上馬、下船等動作，使空曠的舞台空間彷彿如實顯現出門、窗、船、馬等物件。

中國戲曲表演的虛實相生之美

例1 高度寫意的舞台空間

布景簡單,通常只以「一桌二椅」的擺設象徵各種室內空間,如公堂、書房、軍帳、宮殿等。

例2 具體的動作 vs. 虛擬的物件

用鮮明的手勢表示針黹工作,但針線都是虛想出來的。

例3 砌末運用 具體的馬鞭 vs. 虛擬的坐騎

手持一隻馬鞭,透過肢體語言表現出騎馬的動態。

例4 砌末運用 具體的槳 vs. 虛擬的船

手持一只船槳,透過肢體語言表現出搭船的樣態。

「砌末」是國劇中用來指簡單道具的專業術語。

和
美自萬事萬物的和諧中湧現

中國自古以「和」為美，不僅追求自我心靈與行動的和諧，亦追求群體的和諧，甚至更以「天人合一」為終極理想；這一審美觀念主要以儒家思想為基礎，尤其在儒家的音樂理論中獲得充分反映。

道家重視陰陽的調和互補

中國思想中存有各組兩兩對應的概念，如「形神」、「虛實」、「剛柔」等；比起指出它們的差異與對立，人們往往更強調兩者的融合、協調。這應與源遠流長的「陰陽調和」思想有關，不僅《老子》說過：「萬物負陰而抱陽，沖氣以為和。」說明事物變化之理的《周易》也強調陰、陽二氣的調和，認為兩者具有互補、互生的辯證關係，即陽中有陰、陰中有陽，而生生不息。

儒家追求情感表現的和諧

和道家相比，儒家偏重的是和諧之美在人文世界中的展現。孔子相當重視個人外在修飾與內在實質之「和」，他認為，若實質勝過文采便顯得粗野，相反地，若文采勝過實質也流於浮華；唯有外在禮儀和內在修養表裡一致，才是「文質彬彬」的君子。孔子還反對「過猶不及」的表現，這從他讚美《詩經》〈關雎〉篇是「樂而不淫，哀而不傷」也可見端倪，在他看來，文字必須將情感表現得恰當好處而不過度渲染，才具有美感。不僅如此，孔子還將「和」視為是人際社會往來的指導方針：「君子和而不同，小人同而不和。」又說：「禮之用，和為貴。」

《中庸》更是儒家「中和」思想的集大成者。《中庸》說：「喜怒哀樂之未發，謂之中。發而皆中節，謂之和。」以「中」指稱人的本性不偏不倚的狀態，而「和」則是以合乎節度的方式抒發情緒的狀態。《中庸》並將「中」、「和」視為是天下之「大本」、「達道」，認為人只要能達致中和的境界，便能天地萬物各安其位，安然生長。

音樂最能體現「中和」之美

儒家以和為美的思想尤其充分反映在其音樂論述中。孔子肯定禮、樂有陶冶性情的效用，因而希望透過禮樂教化，實現「美善合一」的理想人格與社會。荀子在〈樂論〉中也明確指出，透過共同聆賞音樂的活動，能讓君臣和敬、家人和親、群眾和順。而《禮記・樂記》更以「天地之和」來定義「樂」，認為其「和」能化生自然萬物。可見儒家不僅欣賞樂音本身的和諧，更肯定音樂能適度抒發人們的情感，而達成人倫、社會的和諧，甚至擴及人與自然、宇宙的和諧。所謂「大樂與天地同和」，這正是以和為美的中國心靈所嚮往的至高境界。

中國「以和為美」的思想

宇宙運行以和為原則

陰、陽的相互消長，彼此調和，形成循環辯證關係，成為宇宙中生生不息的動力，孕育著天地萬物。

代表 《老子》：「道生一，一生二，二生三，三生萬物。萬物負陰而抱陽，沖氣以為和。」

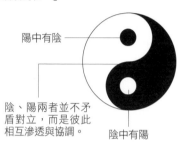

陽中有陰

陰、陽兩者並不矛盾對立，而是彼此相互滲透與協調。

陰中有陽

個人情緒合宜抒發之和

人只要合宜地抒發情緒，使心中平和，就能達致「中和」的境界，天地萬物便能各安其位，安然生長。

代表 《中庸》：「致中和，天地位焉，萬物育焉。」

和
情緒獲得合宜地抒發的狀態。

中
本性不偏不倚的狀態。

情感表現的和諧

個人內在情感與外在言行表現達到和諧的平衡。

代表 《論語》：「子曰：『質勝文則野，文勝質則史。文質彬彬，然後君子。』」

君子的情感與言行有和諧之美。

內在實質勝過外在裝飾，顯得質樸粗野。

外在裝飾勝過內在實質，顯得浮華無實。

形成的各種面向之和

音樂的和諧有廣大影響力，不論是涵自然化育、政治教化、性情修養等層面，都蒙受其惠。

代表 《樂記》：「樂也者，聖人之所樂也，而可以善民心，其感人深，其移風易俗，故先王著其教焉。」

聲音的和諧

人與自然的和諧

情感與形式的和諧

人際關係、社會的和諧

淡
體會質樸而雋永的平淡之美

所謂「繁華落盡見真淳」，絢麗之後的平淡，有時候反而更具有耐人尋味之美。在中國古典美學中，「平淡」不僅是理想人格與處事態度的體現，更是各類藝術都有所追求的美感。

儒、道都肯定「淡」的價值

「淡」是中國美學特殊的審美思維，早在先秦，《老子》便給予「淡」極高的評價，如：「道之出口，淡乎其無味。」《老子》認為，「道」就像是一種恬淡到近乎無味的味道。而《莊子·山木》篇中也以「君子之交淡若水」來比喻理想的人際交往關係，這句話至今仍廣為流傳。不過，並非只有受道家思想浸染的心靈才能體會到「淡」的美感。儒家經典《中庸》也指出：「君子之道，淡而不厭。」可見儒家同樣認為平淡是君子為人之道的理想體現。

為什麼儒、道都以「淡」為至高美味呢？東漢末劉劭《人物志》的說法或許可以提供理解這問題的線索：「凡人品質，中和最貴矣。中和之質，必平淡無味，故能調成五材，變化應節。」相較於各種鮮明的味道，「淡」是最基本的味道，帶有包含一切變化的可能性；反過來說，也意味著一切個別的味道可在其中得到平衡。正是在這點上，才使重視「中和」的儒家和欣賞「無味」的道家不約而同地都肯定「淡」的價值。

平淡之美散見詩、樂、畫中

做為美學概念的「平淡」，則用來指稱某種超越固有物質，更為含渾、飄逸的氛圍。如據傳為唐人所寫的《二十四詩品》中，便將「沖淡」列為第二種風格，形容它就像是溫柔的春風吹拂衣裳，又像竹林傳來的隱約聲響，予人恍惚之間、似有若無的幽微感受。

宋代可說是最推崇「平淡」之美的時期，尤其反映在他們的文學審美觀上。梅堯臣便說：「作詩無古今，唯造平淡難。」而蘇軾也針對文學創作活動指出，人在年少時「須令氣象崢嶸，五色絢爛；漸老漸熟，乃造平淡。其實不是平淡，絢爛之極也。」兩者皆強調「平淡」的難能可貴，肯定它是超越了華麗表象後才能達到的成熟境界。

在音樂方面，古代文人之所以鍾情於古琴，也正因為古琴的琴音平淡高雅，並不傳達鮮明的旋律，但音符與音符、樂句與樂句之間淡遠的餘韻，卻引人心神嚮往，沉浸其中。至於繪畫，山水畫南宗正以「平淡」為特有風格，如五代的董源、巨然，元代倪瓚等畫家皆以此風格見長，他們畫中的江南山水總是輪廓淺淡，像是籠罩在朦朧水霧之中，充滿著寧靜和緩的氛圍。

中國的「平淡」美學

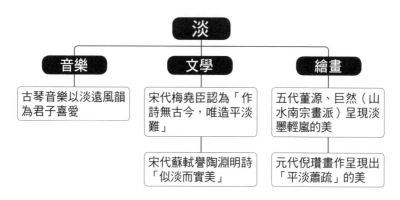

淡

音樂
古琴音樂以淡遠風韻為君子喜愛

文學
宋代梅堯臣認為「作詩無古今，唯造平淡難」

宋代蘇軾譽陶淵明詩「似淡而實美」

繪畫
五代董源、巨然（山水南宗畫派）呈現淡墨輕嵐的美

元代倪瓚畫作呈現出「平淡蕭疏」的美

以文學為例

東晉·陶淵明
〈飲酒二十首〉其五（節錄）

山氣日夕佳，飛鳥相與還。
採菊東籬下，悠然見南山。

在淡暖夕色中，山嵐漫起，飛鳥返巢，詩人閒倚東籬菊叢間，融入這片日常風景中。偶一抬頭，望見遠方廓然靜臥的南山，更與詩人悠然恬淡的心境遙然相應。

唐·王維
〈鹿柴〉

空山不見人，但聞人語響。
返景入深林，復照青苔上。

杳無人跡的山中，只有日光透過深林，靜靜映照林蔭間的青苔。平淡的文字，卻在幽靜中透顯溫暖的生機。

唐·韋應物
〈寄全椒山中道士〉（節錄）

欲持一瓢酒，遠慰風雨夕。
落葉滿空山，何處尋行跡？

文字質樸無奇，卻在寒涼的風雨夜中，顯見詩人追懷友人的溫熱深情。「落葉滿空山」的寫景之句，不僅表現詩人蕭散淡遠的風格，更以曠遠的空間感襯出相會之難的無限感慨。

宋·梅堯臣
〈魯山山行〉（節錄）

霜落熊升樹，林空鹿飲溪。
人家在何許，雲外一聲雞。

以視覺描寫林間自然萬物的活動，相對地僅以聽覺的遠方雞鳴暗示山林居民的生活，眼前只見山間雲氣飄渺。詩人以簡單平淡的語言，便展現出置身山林、遠離塵囂，閒淡自得的情調。

自然
美是以自然本性與大自然欣然相迎

在中文語境裡，「自然」一詞既可指外在「自然環境」，也可指事物「自然而然的樣態」。這兩種意涵的審美意義都在魏晉南北朝獲得進一步的發展、深化；可以說，「自然」既是審美對象，也是審美理想。

源於道家思想的「自然」思考

「自然」之所以成為中國美學的重要觀念，主要與影響中國審美心靈深遠的道家思想有關。《老子》說：「人法天，天法道，道法自然。」道家視「自然」為一種極高的境界，是「道」的本質，強調道是以「自然而然」的狀態進行作用的。

魏晉南北朝時，隨著道家思想的興盛，「自然」成為重要的議題，相關討論也逐漸聚焦於人的「自然本性」上；而竹林七賢「越名教而任自然」（也就是拋卻外在禮法束縛而順從個人本性）的生活態度，也反映出當時人們開始強調個體精神、情感的思潮。

對自然之美的深刻發現

魏晉南北朝是中國審美心靈發現「自然」之美的關鍵時期。一方面，人們對外在自然環境有更深刻、豐富的審美感受，山水詩、畫都在此時得到長足的發展；另一方面，也從這時期起，「自然」從表示事物自然而然的狀態、本性的概念，昇華成某種代表極高精神境界的審美理想，開始廣見於各種文藝批評中。如鍾嶸《詩品》將「自然美旨」視為是一般詩人難以企及的高妙境界；而唐代張彥遠的《歷代名畫記》也將「自然」列為第一品，優於「神」、「妙」、「精」諸品。

其中，最值得注意的是陶淵明的詩歌成就。他的詩作多以自然田園為題材，同時顯現出順應其自然本性的精神之美，所以後人多讚揚他「真率自然」。從〈歸田園居〉的名句來看：「久在樊籠裡，復得返自然。」不僅意味著陶淵明其身回歸自然環境，更意味著其心返回到自然本性；也因此，不妨說，陶詩之美正在於內在自然心境與外在自然物境兩方面完美的相融相應。

自然質樸比人工雕琢更美

此外，值得一提的是，中國以「順其自然」為「美」，因而認為質樸之美更甚於雕琢之美。然而，凡是藝術創作都需要一定的技巧，因此，當我們稱讚某件作品「質樸自然」，指的應該是這作品隱去釜鑿、雕琢的痕跡，看似渾然天成、自然無跡。而這樣的「自然」，也是許多中國藝術家有意無意間所追求的理想境界。

「自然」之美的意涵與典範

「自然」的意涵

①萬事萬物原本「自然而然」的樣態

 《老子》：「人法天，天法道，道法自然。」

②外在世界的「自然」環境

因天地萬物以自然的狀態存在，所以通常用來指稱外在的整體環境。

魏晉南北朝
「自然」發展為美學觀念的關鍵時期

以「自然」狀態、本性為理想

「自然」從表示事物自然而然之狀態、本性的概念，昇華為代表極高精神境界的某種審美理想。

- 竹林七賢往往「越名教而任自然」，拋卻外在禮法束縛而順從自然本性。
- 鍾嶸《詩品》以「自然美旨」做為一般詩人難以企及的高妙境界。

發現「自然」景色之美

對外在自然環境有更深刻、豐富的審美感受，山水詩、畫在此時皆有長足發展。

- 詩歌代表：田園詩—陶淵明
  　　　　　山水詩—謝靈運
- 繪畫代表：宗炳〈畫山水序〉

東晉

以陶淵明其人其詩的「真率自然」為理想典範

陶詩之美在於其內在自然心境與外在自然物境兩者完美的相融相應。

例〈歸園田居五首〉其一（節錄）：
少無適俗韻，性本愛丘山。誤落塵網中，一去三十年。
羈鳥戀舊林，池魚思故淵。開荒南野際，守拙歸園田。

全詩以「久在樊籠裡，復得返自然」總結，道出回歸自然的自在愉悅。

淵明詩所以為高，正在不待安排，胸中自然流出。

朱熹

Chapter 6
美學視野中的藝術思考

自古以來，人們往往藉由藝術活動具體落實了對美妙事物的追求；而人們面對豐富多姿的藝術現象與幾經變化的藝術概念時，也同樣需要透過具有反思性格的美學來了解藝術的本質與意義。因此，本篇將追蹤「藝術」概念的演變蹤跡，探尋藝術起源、分類等相關議題，並思索藝術與現實、社會之間的關係。

學習重點

✓ 為什麼藝術品是「藝術四要素」中最關鍵的？

✓ 席勒如何從「遊戲」的角度來解釋「藝術」的起源與意義？

✓ 佛洛伊德和榮格對於藝術源自「無意識」的說法有何不同？

✓ 古代人的「藝術」觀念是什麼？他們如何將藝術分類？

✓ 「藝術」觀念如何從「技術」變成「美術」？最關鍵的轉變發生在何時？

✓ 藝術和現實有什麼關係？

✓ 阿多諾如何說明藝術的自律性和社會性？

藝術哲學的內容
從「美學」角度來思考藝術

藝術是美學研究中重要的一環。不同於藝術史、藝術批評，美學對藝術的研究是「藝術哲學」，也就是思考藝術的本質以及相關藝術概念的定義，嘗試為人類豐富多姿的藝術活動提出具有普遍性的理論。

藝術學的範圍廣博

藝術學是對各式各樣的藝術活動及現象、概念進行系統性研究，以指出相關的藝術原則或理論的一門學科。縱觀古今，人們從事的藝術活動及相關藝術現象十分豐富，不僅因表現素材、媒介、方式的差異，發展出不同的藝術類型，如文學、繪畫、雕刻、音樂、舞蹈、戲劇、建築等；藝術活動還呈現出創作、傳播、鑑賞、批評等各種面向。此外，藝術的概念也隨著時代而變化，在不同時空中往往有不同的意義、目的和作用。「藝術學」也因此成為一門體系廣大，內容多元的學科。

藝術學的研究主要包含藝術史（art history）、藝術批評（art criticism）和藝術哲學（philosophy of art）。藝術史的研究著重於藝術品在歷史中的發展，思考議題包含藝術家本人、作品風格、製作技術、藝術與社會文化的關係，以及歷代接受者對藝術品的評價變化。藝術批評的研究則著重於藝術活動和藝術品本身，透過分析、解釋藝術品的內涵，給予它藝術評價。

藝術學與美學交集於藝術哲學

藝術哲學則是藝術學和美學研究的共同交集，也是哲學思考對藝術研究做出的重要貢獻。它帶有「後思性」的哲學性格，對各種已經存在的藝術活動和現象進行實踐後的反思，目的是探問藝術的本質，並推演出具有普遍性的理論。

相對於藝術史和藝術批評以具體的、既有經驗的藝術活動與作品為研究議題；藝術哲學的研究偏向探求藝術的本質、特色、起源、目的，以及相關藝術概念的定義，嘗試對「藝術是什麼」、「什麼是藝術品」、「藝術家的創作過程是什麼」、「欣賞者如何得到美感」、「藝術家、藝術品和欣賞者彼此的關聯性是什麼」等問題做出解釋。

值得注意的是，帶有反思性格的藝術哲學並不是專屬於哲學家的思考方式，許多藝術創作者、批評者，也往往在從事藝術活動時形成各種疑問，並嘗試對藝術活動進行反思，從而提出重要的美學主張或理論。簡單地說，當藝術家、批評家從「如何從事藝術創作」、「如何進行藝術批評」，轉而思考起「什麼才是藝術」時，那麼，他們就已經是從美學的角度來思考藝術了。

藝術哲學是美學和藝術學的交集

藝術史
著重藝術品在歷史中的發展。

例 研究歷代繪畫風格的演變。

藝術學
- 對人類豐富多元的藝術現象、經驗進行探討的學問。
- 藝術不盡然以「美」為唯一價值依歸。

藝術批評
著重於藝術活動和藝術品本身，給予藝術評價。

例 就個別畫作分析其構圖、技巧。

藝術哲學
探求藝術的本質以及相關藝術概念的定義，並了解藝術活動中各種因素的關係。

例 對繪畫的本質進行反思。

重疊的
研究領域

美學
- 對人類的各類「感性認識」能力（包含「藝術」在內）進行研究的學問。
- 「美」的存在不限於藝術之中。

美
思考美的本質、類型和典範。

例 思考畫作本身是否具有美的本質。

美感
思考美感的特徵，及人們如何獲得審美經驗。

例 思考人在欣賞畫作時如何產生美感。

藝術概念的演變
藝術從「技術」變成「美術」

「藝術」一詞源自於拉丁文，原本的概念偏重「技術」，泛指一切需要技術的製作活動。十六世紀後，人們對藝術的概念開始有了轉變；到十八世紀中葉，藝術才與實用的工藝分離，而以「美術」為主要內涵。

本指有規則可循的「技術」

英文「art」一詞由拉丁文「ars」變化而來，更早的源頭是希臘文的「τέχνη」，其原義偏重於「technique」，也就是某種製作技術、技巧。比起今日，古代的「藝術」涵括範圍更為廣大，不僅建築、繪畫、雕像，舉凡捏造陶器、鑄造鐵器、裁縫衣服、建造房舍、測量土地、觀察天文、計算數學，乃至指揮戰略、醫治疾病、經營貿易也都是藝術。換句話說，古代用來指稱眾多製作活動的「藝術」，其概念等同於以「具有規則性的知識」為基礎的「技藝」。

中文的「藝」字本義也與技藝有關：甲骨文字形便是一人種植草木的樣子，《說文解字》也將「藝」定義為「種植」。而孔子教育弟子的「六藝」正是「禮、樂、書、數、射、御」六種技術；《後漢書‧文苑傳》也以「藝術」泛指各種技藝。可見無論中外，「藝術」一詞本強調「技術」與「知識」，指的是一切人工化的製作活動。

逐漸轉變為專指「美術」

西方古代提到「藝術」時重視的是「規則」，因此科學、手工藝也都被包含在內；儘管如此，詩歌起初並不在藝術之列。原因在於古希臘人普遍認為詩歌是詩人接受了繆思給予的靈感才寫下的作品。直到亞里斯多德才注意到詩歌創作有規則可循。

直到十六世紀，「藝術」的概念才有所轉變：一方面，藝術家開始發展出對自我身分的認同意識，認為藝術家的社會身分高於工匠，甚至主張藝術有優於科學的表現，促使科學與手工藝開始脫離藝術的範圍。另一方面，詩歌開始躋身藝術之列，這要歸功於亞里斯多德對詩歌規則的重視；儘管他的先見之明在中世紀時為人忽略，但當十六世紀中《詩學》被翻譯成義大利文後，他的論點隨即成為共識，人們普遍肯定有規則技巧可循的詩歌是種藝術。

此後，人們逐漸將藝術概念窄化為「美術」（fine art）。尤其是法國學者巴多在一七四七年明確使用「美術」一詞來稱呼「繪畫、雕刻、音樂、詩歌、舞蹈」等五種主要藝術，並且獲得普遍認同後，藝術的概念終以「美術」為主，與實用的工藝分離。而藝術在十八世紀中葉的這一重大發展，恰好與美學在十八世紀正式成為獨立學科的步伐相呼應。

藝術概念的轉變

古代～中世紀時期

藝術＝技術（technique）

- 泛指具有規則性的技藝，內容包羅萬象，包含科學、手工藝、實用技能等。
- 古希臘人認為詩人創作詩歌是由於接受到神給予的靈感，非自行運用技藝，故不被視做是藝術。
- 主要以勞心、勞力為藝術分類的標準：

自由的藝術 心志勞動，本質是理論科學	粗俗／機械的藝術 體力勞動，本質是實用技巧
文法、修辭、邏輯、數學、幾何、天文、**音樂**	食（農漁獵、烹飪）、衣（裁縫）、住（建築）、行（航海）、醫藥、商業、軍事、娛樂表演（**戲劇**、運動、賽馬）、**繪畫**、**雕刻**

---

16 世紀起～至今

藝術＝美術（fine art）

- 16 世紀起「藝術」概念開始轉變。
- 詩歌開始被公認為是藝術的一種；科學與手工藝則逐漸脫離藝術的範圍。
- 1747 年巴多明確使用「美術」一詞稱呼五種主要的藝術，從此逐漸成為共識。

繪畫 雕刻 音樂 詩歌 舞蹈

藝術的意涵
藝術以「人工製作」為核心概念

「藝術」一詞既可指創作活動，也可指藝術品本身；並且往往帶有正面評價的意味。
我們也可透過藝術四要素全面性地掌握「藝術」涵括的概念，體認到藝術是將人類
抽象情感、思維，經過一定規則，呈現出某種形式的文化活動。

兼指創作活動及完成的作品

今日我們普遍將美術和某些精緻的工藝納入「藝術」的範圍，但即便如此，「藝術」一詞仍有多重性：它既可指藝術活動（尤其指創作活動），又可泛指藝術品（work of art）。但歸結來說，「藝術」的關鍵概念在於「人工製作」，因藝術是人們運用具有一定規則的技巧所進行的製作活動；而藝術品又通常是人們對客觀材料進行加工、改造後形成的人工物件。

舉例來說，就像繪畫藝術需要以畫布與顏料為素材，但不等同於畫布與顏料的總和，更要加入畫家的構想、情感、技巧等人工製作因素。即便是現代藝術，如杜象的〈泉〉、安迪沃荷的〈濃湯罐頭〉，看似直接陳列物件，但其中皆蘊含藝術家特異的創意和概念而帶有人為色彩。

反映出主觀的正面評價

應注意的是，當我們稱呼某人工事物是「藝術」時，其實是帶有主觀的評價性的。也因此，人們對於何謂「藝術」常有爭論不休的情形出現。舉例來說，某些人認為流行音樂是種藝術，但也有人認為只有古典音樂才算是藝術。又或者，人們常認定美術館中的作品是藝術，但街頭的塗鴉則不是藝術。也就是說，我們之所以願意稱某個對象是「藝術」，不只在於它是經過某種技術而完成，更在於我們肯定它具有某種獨特性。

由四要素統合成的藝術活動

既然藝術如此複雜，我們可以如何討論它呢？文藝家艾布拉姆斯曾提出藝術的四要素，也就是做為中心的「藝術品」，以及和它相關的「世界」、「藝術家」、「欣賞者」；透過這四要素所形成的關係網絡，可以對「藝術」這概念進行整體的認識。

首先，藝術活動以藝術品的形成為特徵；其次，藝術品的誕生，又以世界對藝術家的陶冶、形塑以及藝術家對這世界的觀察、理解、詮釋為基礎，更凝聚著藝術家個人的魅力；至於藝術品完成之後，其價值更隨著欣賞者的參與而變化，甚至影響世界的樣態，催生新的藝術靈魂。可以說，完整的藝術活動是由藝術品產生前的醞釀、藝術家的創作以及欣賞者的反應三者形成的；也因此，藝術活動才能在歷史長河中聯繫起人類思想、情感、文化源源不絕的鏈結。

藝術的意涵及思考議題

藝術創作活動以「人工製造」為觀念概念，
涵括了以藝術品為中心的「藝術四要素」（由艾布拉姆斯提出）。

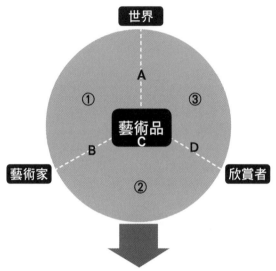

整體藝術活動的過程

① 藝術品的孕育
藝術家的自身經驗與世界觀，世界提供的歷史文化背景，都是孕育藝術品的養分。

② 藝術品的誕生
藝術家透過創作藝術品時呈現想要傳達的意念與感情；藝術家也會考量想傳達的對象，也就是欣賞者的存在。

③ 藝術品誕生後
欣賞者接受藝術品，賦予它更多意義，並重新增加世界的元素，改變世界的樣貌。

相應的思考議題

A 藝術品和世界的關係
以「模仿理論」為代表。

B 藝術品和藝術家的關係
以「表現理論」為代表。

C 藝術品本身的意義
以「客觀理論」為代表。

D 藝術品和欣賞者的關係
以「實用理論」、「接受理論」為代表。

從五花八門的技藝到專論美術項目

藝術的分類隨著「藝術」概念的演變而有不同的分類方式：相對於中古之前以勞心、勞力為區分依據，美術與工藝終於在十八世紀中獲得清楚的區別；之後，才專就美術範疇進行更精細的分類，而以德索亞提出的分類方式為代表。

古代藝術分類方式眾多

古代人心目中的藝術是具有一定規則進行製造的「技術」，可被視為某種知識，而其內容包含科學和手工藝；換句話說，古代所謂的「藝術」，幾乎囊括人類所有生產、製造活動。

也因此，古代的藝術分類和今日大相逕庭。古代學者對藝術的分類法有各種不同的考量：如柏拉圖以藝術與現實的關係為考量，將藝術分為「生產性的」和「模仿性的」；又或者像希臘辯士們以目的為考量，區分出追求實用的藝術、追求娛樂的藝術和追求完美的藝術；而羅馬時期的昆因提連，則著眼於產物的型態，區分出只存在於研究中的「理論性的藝術」、沒有產品的「實踐性的藝術」與具有產品的「生產性的藝術」三種。

整體來說，古代的藝術分類是對廣義的人類技藝的分類；並且，今日認為是「藝術」的各種項目，不論在哪種分類法中總是被分屬在不同類別之下，這表示人們當時尚未發現它們之間的共通性。

自由藝術 vs. 粗俗藝術

在古代的眾多中分類中，最為普及的藝術分類方式是以耗體力與否為標準所區分出的「自由藝術」（liberalral arts）和「粗俗藝術」（vulgar arts），人們認為前者只需勞心而較為高尚，後者必須勞力而較為卑賤。這種分類方式到中世紀仍是主流，只不過改稱後者為「機械藝術」（mechanical arts）。

應注意的是，這種分類絕不等同於今日慣用的美術和工藝的差異。「自由藝術」指的是邏輯、修辭學、文法、數學、幾何、天文學和音樂七種技藝，其中，只有音樂合乎現代的藝術概念。而音樂之所以被納入自由藝術中，是因為古代人們頗為看重音樂的和聲規則，認為和聲學和數學本出同源。而雕刻和繪畫，在這分類標準中可勉強被歸入「機械藝術」，因為它們不盡然有實用性，但的確需要體力勞動。至於詩歌，則因為人們多半認為那是一種神啟的靈感與預言，而不認為是有規則的藝術。

西方古代至中世紀的藝術分類

隨各種考量形成不同分類

古代的藝術分類方式眾多，各有其不同考量：

以「目的」為考量

代表 古希臘希臘辯士

- 追求實用的藝術。
- 追求娛樂的藝術。
- 追求完美的藝術（由普魯塔克補充）：如數學、天文學等科學。

以「與現實的關係」為考量

代表 古希臘柏拉圖

- 生產性的藝術，如：造船、建築。
- 模仿性的藝術，如：繪畫、雕塑、詩歌。

以「產物的型態」為考量

代表 古羅馬昆因提連

- 無產品的、「實踐性的」：音樂、舞蹈。
- 有產品的、「創造性的」：繪畫、雕像。
- 只存在於研究中的、「理論性的」：天文學、數學。

以製造方式進行分類成為共識

古代、中世紀最普及的藝術分類方式：

自由藝術

只需勞心而較為高尚

- 文法
- 修辭
- 邏輯
- 數學
- 幾何
- 天文
- 音樂

> 和聲規則和數學本出於同源。

VS.

粗俗／機械藝術

必須勞力而較為卑賤

學者多簡化為七種具代表的技術，但有不同的版本。

代表 拉道夫：	許果：
食	紡織
衣	軍事
住	航海
行	農耕
醫藥	狩獵
貿易	醫藥
軍事	娛樂

美術概念的誕生與細部分類

到文藝復興時期，隨著實際文藝活動的繁盛，人們對藝術的概念和分類也逐漸產生轉變。如十五世紀末的費啟諾重新給予「自由藝術」一詞不同的內涵，用來指稱文法、詩歌、修辭、繪畫、建築、音樂等藝術；他嘗試區別出手工藝、科學與藝術三者，已經頗為接近現代的藝術觀念。他認為這些自由藝術的共同關鍵在於「音樂性」，而音樂自古和靈感相關，所以後人又將他的分類稱為「音樂性的藝術」。此後，又陸續有人提出「高貴的藝術」、「紀念性的藝術」、「優雅的藝術」等說法，逐步窄化藝術的內涵，也預告著現代「藝術」概念的即將誕生。

歷經前人的努力，終於在啟蒙時期，由法國美學家巴多於一七四七年正式提出「美術」（fine arts）與「機械藝術」的分類，指出前者服務於愉悅的目的，後者服務於實用的目的；這種分類方式清楚區別出美術和工藝，正式確立了現代「藝術即美術」的概念。

巴多將音樂、詩歌、繪畫、雕塑、舞蹈等藝術共同列入「美術」範圍，他指出，這些藝術的共同特徵在於它們是對自然的模仿，且能令人感到愉悅。至於建築、修辭學，在他看來則兼具愉悅和實用性質，因此，他特別為了這兩種藝術，在美術和機械藝術之間另設立一類。

現代藝術的分類

十九世紀後半期，以「美術」為內容的「藝術」也有不同的分類標準。如黑格爾以「風格」區分出「象徵、古典、浪漫」等三種藝術；或是以感官為區別分出視覺和聽覺；或如丹納延續前人說法，依「作用」區分出「創作的」和「模仿的」；或者，著眼於「藝術效果」來區分為「激發一定聯想的」和「激發不定聯想的」。儘管分類方式一如古代的紛雜眾多，但隨著「藝術」觀念從廣義的「技術」聚焦到窄義的「美術」，眾多分類方式最終的結果竟不約而同地相似。這意味著人們對「藝術」的認識達成共識，而這共識應可以一九〇六年德索亞提出的圖表做為代表。

德索亞統整各種分類標準，顯現出他對藝術分類的成熟認識。他融會了各家說法，對各類藝術的表現特徵做出清楚界定，堪稱是集大成之作。經過他的整理，我們可清楚看到靜態的空間藝術（雕刻、繪畫、建築）與動態的時間藝術（詩歌、舞蹈、音樂）的基本差異；同時，也能看出在這分類之下，雕刻、繪畫、詩歌、舞蹈的相似性，及建築與音樂的共通性。

「美術」概念的誕生與相關分類

---------- 文藝復興時期 **開始趨近美術概念** ----------

15世紀末費啟諾賦予「自由藝術」不同的內涵，以「音樂性」取代「勞心」為分類標準，所以又被稱為「音樂性的藝術」。

| 舊 | 文法、修辭、邏輯、數學、幾何、天文、音樂 |

↓

| 新 | 文法、詩歌、修辭、繪畫、建築、音樂、古代歌曲 |

> 捨棄科學，並加入詩歌、繪畫、建築，凸顯和工藝的區別。

⬇

---------- 啟蒙時期 **正式確立「藝術即美術」的概念** ----------

1747年巴多以「美術」（fine arts）與「機械藝術」，清楚區別出美術和工藝。

音樂、詩歌、繪畫、雕刻、舞蹈	建築、修辭	工藝
美術	介於二者之間	機械藝術
以愉悅為目的	兼具愉悅和實用性質	以實用為目的

> 標舉出七大美術，是今日共識的基礎（修辭被戲劇取代）。

⬇

---------- 現代 **美術內的分類有更細膩的特質比較** ----------

1906年德索亞有系統地整理了各類美術的特質，條理分明地指出它們的異同。

	雕刻	繪畫	建築	詩歌	舞蹈	音樂
空間性的	✔	✔	✔			
時間性的				✔	✔	✔
靜態的	✔	✔	✔			
動態的				✔	✔	✔
應用圖畫的	✔	✔	✔			
應用動態與音響的				✔	✔	✔
模仿性的	✔	✔		✔		
創作性的			✔			✔
再現性的	✔	✔		✔		
抽象性的			✔			✔
具有一定聯想	✔	✔		✔	✔	
不具一定聯想			✔			✔

藝術的起源①
藝術源自人的遊戲衝動

無論詩歌、繪畫、音樂、舞蹈、雕刻、戲劇，都是進行藝術活動的方式；但是，人為什麼要從事藝術活動呢？關於這問題，最著名的回答之一是由席勒提出的「遊戲說」；而十九世紀的學者們又對「遊戲說」進行補充說明。

藝術是種自由的遊戲

康德率先強調美是無關利益的存在，並將藝術家以想像力進行藝術創造的過程稱為「自由的遊戲」；從而啟發席勒提出「遊戲說」。席勒在《審美教育書簡》中指出，遊戲衝動源於人的過剩精力，而遊戲的最大特點在於「自由」，因為遊戲是人自由地為自己訂下規則並愉悅地遵守它。

席勒更強調，遊戲做為不帶實用目的的自由活動，能調和人們與生俱來的感性衝動和理性衝動，使人的理性和感性完美統一，而成為完整的人。因此，席勒強調：「只有當人是完全意義上的人，他才遊戲；也只有當人遊戲時，他才完全是人。」在席勒看來，藝術就是一種遊戲，因為藝術同樣是借助想像力創造出虛擬世界，並在此過程帶來愉悅感的自由活動。並且，在藝術創作和欣賞活動中，做為感性衝動對象的生命和做為理性衝動對象的形式也得到了融合。總而言之，藝術活動中的審美態度和遊戲態度實際上並無二致。

遊戲說的發展與補充

英國的史賓塞繼承了席勒認為遊戲是「過剩精力的宣洩」的看法，從生物學的角度解釋過剩精力的由來，並指出藝術這種遊戲是專為人類的高級機能提供消遣。

之後，德國生物學家谷魯斯又稍微修正前人說法，提出「遊戲練習說」。他認為遊戲不是人們消耗過剩精力的活動，也不能說是不具實用性的活動；相反的，他認為遊戲是人們預先為生命中各種活動的進行的必要練習。在他看來，男孩的騎馬打仗、女孩的扮家家酒，都是為日後成年生活所做的預備；只不過，這樣的練習同時能為人帶來快樂。

此外，德國美學家康拉德·朗格則認為，藝術和遊戲最大的共同特點在於兩者都有「虛構」、「想像」的成分；只不過，藝術更需要成熟的心靈和複雜的技巧，所以他說：「遊戲是兒童時代的藝術，藝術是形式成熟的遊戲」。

整體而言，史賓賽和谷魯斯的貢獻在於對「遊戲」做為人類生理本能、生存需求的論述加以補充；而朗格則偏重比較藝術和遊戲的異同。只可惜，他們並未掌握席勒以「自由」為「遊戲」要點的觀念，也未專對藝術這種遊戲進行更深入的研究。

遊戲說的代表人物及論點

藝術是種自由的遊戲

人在進行藝術活動時，是自由地為自己制定了遊戲規則並加以遵循；在這遊戲中，人不僅運用想像力創造出虛擬世界，而感到愉悅，也融合了理性與感性而成為完整的人。

遊戲衝動是源自於人的過剩精力。

例 雖然才剛務農完畢，但還想繼續完成雕刻。

遊戲衝動包含了感性衝動，也就是懷抱著情感。

例 滿懷著對小動物的感情，進行雕刻。

遊戲衝動也包含了理性衝動，也就是帶有對形式的追求。

例 追求對雕刻品形貌的形式之美。

在藝術這種遊戲中，人融合了理性與感性，成為完整的人。

例 人對藝術活動全心投入，並感到愉快和滿足。

人以想像力所進行的藝術創造是種「自由的遊戲」。

康德

只有當人是完全意義上的人，他才遊戲；也只有當人遊戲時，他才完全是人。

席勒

藝術的起源②
藝術源自「無意識」的湧現

佛洛依德從心理分析的立場來解釋藝術活動的起源，認為藝術活動滿足了人們過度壓抑的本能慾望。而榮格的「集體無意識說」，也有助我們理解藝術與人類集體精神文明的關係。

藝術是本能慾望的宣洩

佛洛伊德將人們生命深處的本能慾望（尤以性慾為代表）稱為「力比多」（libido），並從「力比多」的壓抑來解釋藝術的產生。他認為，人的本能慾望受到壓抑時，便會潛入內心深處成為無意識；但過度壓抑的無意識會自動尋找抒發的出口，而夢和想像便是「力比多」轉移的結果。

佛洛伊德指出，當人們無法宣洩內心壓抑已久而過於充沛的本能慾望時，容易心神不寧；在這股充沛的精力驅迫下，他們便藉由想像活動來轉移慾望的目標。佛洛伊德認為，藝術創作的本質接近藝術家的「白日夢」，是一種獲得社會認可的「昇華」方式，白日夢充滿了想像，能使個人的本能慾望獲得宣洩，緩解「本我」與「超我」的衝突，得到類似淨化的滿足感。甚至，藝術家創造出的藝術品及其想像世界進而成為大眾的精神樂園，提供其他同樣備受本能慾望趨迫而無從抒發的心靈暫得休憩之所。

集體無意識是人類藝術的根源

榮格雖然也從心理學來解釋藝術的產生，但他的焦點和佛洛依德大不相同；相對於佛洛伊德僅從個人的本能慾望立論，榮格做了修正，提出「集體無意識」（collective unconscious）的概念。榮格將「無意識」區分為「個人無意識」和「集體無意識」兩種，指出「集體無意識」是人類自史前時代開始便透過各種遺傳力量持續積累的一定心靈傾向，個人無法輕易察覺它的存在，但它卻足以左右人的意識。相較而言，如果「集體無意識」是一片汪洋大海，那麼「個人無意識」不過只是這片海面上的眾多浪花之一。

榮格認為，驅使藝術家從事創作的動力是「集體無意識」，而非出於藝術家的個人的自由；他形容，這就像藝術家以為是自己在游泳，但其實他的方向是被海中看不見的暗流所決定。榮格更列舉出「阿尼瑪」（anima）、「阿尼瑪斯」（animus）、「英雄」（hero）、「智慧老人」（wise old man）等「原型」（archetypes）形象，指出這些普遍存在於不同地域、時代的神話、夢境和藝術作品中，而相互輝映的「原型」形象，正是集體無意識的主要內容。總體而言，與其說藝術表現的是個人的經驗與體悟，榮格認為，不如說藝術是透過藝術家個人，傳達出全體人類的心靈樣貌。

藝術衝動與無意識的關係

佛洛伊德　藝術是個人無意識的宣洩出口

充滿想像的藝術活動，是受到壓抑的本能慾望得以合理宣洩的出口。

> 人都有生命深處的本能慾望「力比多」（libido），「力比多」受到壓抑，潛入內心深處成為無意識；而過度壓抑的無意識往往以夢和想像做為抒發的出口。
>
> 例 男性心中常有「弒父戀母情結」，這份混雜著焦慮和愛慕的慾望總是備受壓抑，擾人心神；常透過夢和想像來排遣。

藝術是一種白日夢，
是社會認可的昇華。

藝術家藉由藝術創作這種想像，來宣洩個人過度壓抑的本能慾望，得到心靈淨化的滿足感。	觀賞者在欣賞藝術時也沉浸在想像世界中，使過度壓抑的本能慾望得到抒發。
例 古希臘悲劇作家索福克勒斯創作《伊底帕斯》，宣洩了壓抑的情結。	例 觀者透過欣賞《伊底帕斯》也釋放了壓抑的情結。

榮格　藝術是集體無意識的反映

- 「集體無意識」是人類自史前時代開始便持續積累的心靈傾向，常以「原型」形象反映在神話、夢境和藝術創作中。
- 藝術常透過藝術家個人，傳達出全體人類的心靈樣貌。藝術家以為自己在游泳，但其實他被看不見的暗流所捲走。

藝術與現實的關係
藝術可以比現實更「真實」

回顧西方歷史，長期以來人們的主流意見總認為藝術是對現實的模仿。但不容否認的是，藝術也為人們開啟另一個不同於現實世界的新天地；並且，藝術甚至可能比現實世界更接近真實。

亞里斯多德：詩比歷史更真實

關於藝術與現實的關係，亞里斯多德曾在《詩學》中提出相當精闢的論點。他雖然仍認為詩歌是一種模仿，但他並不同意柏拉圖將藝術視做是對現實事物的模仿，將藝術貶低為對理型的「二度模仿」的觀點；相反地，在他的學說中，詩歌的模仿具有更積極的意義。

在亞里斯多德看來，不同於歷史描述的是已發生過的事，詩歌所描寫的是可能發生的事。和詩歌中所呈顯的世界相比，歷史所描述的現實世界只是由眾多個別的特殊事件所累積而成，反而顯示出更多的偶然性，有時甚至顯得不合情理；相反地，詩歌能透過「可能性」和「必然性」描寫出更具普遍性的事物樣貌。

也因此，亞里斯多德認為詩比歷史更富有哲學意味，因為詩歌更能反映具有因果必然關係的真理。可以說，亞里斯多德的論點首次揭示出：藝術本身的價值，正在於顯示一種具普遍性的、理應如此的真實。

藝術與現實的關係

亞里斯多德
詩比歷史更真實

歷史	詩
●描述已發生過的事。 ●描寫個別事件。 ●可能顯示出更多的偶然性，有時甚至顯得不合情理。	●描寫可能發生的事。 ●表現出應然、必然的某種具因果關係的可能事件。 ●具有普遍性，反映具必然律的真理。

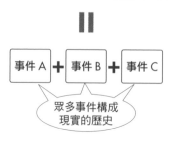

事件 A ＋ 事件 B ＋ 事件 C

眾多事件構成現實的歷史

真實

比歷史更具普遍性

阿多諾：藝術否定現實而真實

時至二十世紀，法蘭克福學派中的美學大師阿多諾也對藝術和現實的關係提出精彩的論述。他在《美學理論》一書中以現代藝術為主要研究對象，指出藝術並不是對現實的直接模仿，而是對現實世界的否定；並且，正是透過對現實的否定，藝術才顯現出其真實內涵。

應注意的是，阿多諾的論述源自於他對現代資本社會的不滿。他對當時社會環境的巨變感到痛心，不忍看見在現代工業文明和資本主義的發展下，人們被物化，只剩下互相交換的工具價值，失去了身為人的價值，生存的意義被扭曲。對阿多諾而言，這樣的現實世界並不真實。他認為，藝術追求的是尚未出現的、更為完滿的世界，而那更為完滿的世界必定是對令人失望的現實世界的否定；因此，藝術正是透過對現實的否定，以預先把握現實世界中尚未出現的真實。

但是，我們並不能因此誤認阿多諾就此割斷了藝術和現實的聯繫。事實上，他認為藝術正是透過這種否定現實的方式來表示對社會的批判；而這種站在社會的對立面以否定、批判社會的性質，正展現了藝術本身強烈的現實意識。阿多諾以畢卡索的〈格爾尼卡〉為例，說明這件反戰思想濃厚的作品，正是透過對當時社會中不夠真實的情況的否定，而體現出現實的樣貌。

阿多諾
藝術是對現實的否定

藝術是對現實世界的否定。它一方面藉此批判社會，表示出對現實的關切；另一方面藝術也藉此顯現出它真實的內涵，也就是對理想世界的追求。

⑩ 立體派的畢卡索、超現實主義的達利，都拒絕繼承傳統藝術美感，展現出獨特性，並以此體現社會變化。

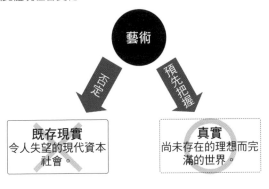

藝術的原則
藝術兼有自律性和社會性

自律（autonomy）與他律（heteronomy）是常見的哲學術語，學者也拿它們思考藝術問題：究竟藝術是不受其他外在因素影響的自發活動？或難以脫離外在因素加諸其上的要求？或者，這兩者可以並不相互衝突？

藝術有自律的本質

「自律」是指依據自身意志進行自我管理，而「藝術自律」的論述可以席勒為代表。他將康德用來形容「道德」的「自律」特性轉到「藝術」上，指出：「藝術乃是為其本身立法者。」換句話說，藝術的自律性表現在藝術活動的規則是由從活動者自由地為自己安排，並且因此遵守的。這一論點和他的「遊戲說」緊密相關。席勒認為，只有在遊戲（包含藝術在內）中，人才有真正的自由，也就是自行制定規則來治理、規範自己；而這正是最大的自由。

此外，廣義的「藝術自律」說更承繼康德「美感無關利益」的觀點，不僅強調藝術本身有獨立自足、不假外求的內部規律，更肯定它不可取代的意義就在於能讓人感到愉悅。

藝術有他律的意義

相對而言，「他律」是指以外在規範做為約束依據，而根據「藝術他律」的觀點，藝術是種與外在事物相關而具有意義的活動，如透過藝術反映社會、傳達理念、推行教化等。回顧中西歷史，「藝術他律」的現象並不少見。在西方，古希臘人早以藝術進行人格教育，中世紀的藝術活動也往往與宗教文化緊密相關。在中國，則有孔子重視詩教，肯定詩歌有許多益處；儒家也向來重視「樂教」，認為「聲音之道與政通」。這些都顯示出視藝術為達成某些效用之工具的傾向。

藝術的自律與他律並不衝突

究竟藝術是自律或是他律？阿多諾指出，藝術本身就具有雙重性格，並存著自律性和社會性。一方面，藝術具有與社會對立的自律性，它不必宣告什麼道德信念，就能以表現出來的形貌令人產生美感；另一方面，藝術正是以否定社會（而非服從既存社會規範）的方式表現出它的社會性，也就是以自律性做為對社會的批判，而可能以微妙曲折（而非大聲疾呼）的方式改變人的意識，發揮影響。

若以阿多諾的辯證性思考為借鏡，不妨說，藝術的自律與他律並不衝突：藝術以「自律」為本質，但同時正是用這種否定社會的方式來回應社會；並且，自律的藝術能夠陶冶人們的心靈，從而可能在人們心中種下改變、影響社會的種子，因此也帶有「他律」的意味。

藝術自律與他律的辯證關係

藝術以自律性為本質

- 藝術本身有獨立自足、不假外求的內部規律，而它不可取代的意義就在於能夠引發人的美感，令人感到愉悅。

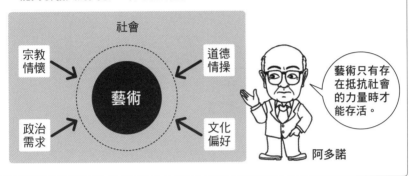

社會

宗教情懷　道德情操　政治需求　文化偏好

藝術

藝術只有存在抵抗社會的力量時才能存活。

阿多諾

藝術以反對社會的自律性表現出社會性

- 藝術是以否定社會的方式表現出對社會的批判，也就是以自律性表現出社會性，而有「他律」意味。
- 藝術可透過微妙曲折的方式改變人的意識，喚起美感，陶冶其心靈，可能因此改變社會。

社會

宗教情懷　道德情操　政治需求　文化偏好

藝術

藝術的社會性反映在它站在社會的對立面。

阿多諾

Chapter 7
藝術品

藝術品是凝聚了人類精神而呈現出的美妙結晶，也是藝術活動的核心；若沒有藝術品，一切藝術活動便淪為空想，世界、創作者和接受者等藝術要素也無從形成連繫。有關藝術品的美學討論，傳統以「模仿論」為主流，直到十八世紀末才逐漸由「再現論」取而代之，出現於二十世紀的「形式論」也令人耳目一新。而藝術品的定義，如今仍隨著人們的反思而持續變化著。

學習重點

✓ 藝術品一定要透過技巧來表現概念嗎？該如何
　為藝術品下定義？

✓ 「模仿說」和「表現說」對於藝術品所呈現的
　內容有什麼不同看法？

✓ 柏拉圖和亞里斯多德的模仿說有何差異？

✓ 克羅齊為什麼認為真正的藝術品只出現在創作
　者心裡？

✓ 為什麼藝術是一種「情感形式」？

✓ 風格除了需要創作者的創造，為什麼還需要接
　受者的辨認？

✓ 柏拉圖和亞里斯多德對詩歌的看法有何差異？

✓ 詩歌與繪畫在表現相同主題時，各自呈現出什
　麼樣的特質？

藝術品的內容
從「模仿」、「再現」到「表現」

回顧歷史，人們關於美的思考發生了從客觀到主觀的轉向；而人們對藝術品主題的看法也和這一轉向相呼應。相對於十八世紀之前看重藝術品與外在世界關聯的傳統看法，如今則偏重於藝術品如何表現出創作者內在精神與情感。

藝術即「模仿」

自從柏拉圖提出「藝術模仿現實」的觀點後，「模仿說」（mimesis）從此站穩典範地位，成為盛行最久的藝術觀點。直到十八世紀，「藝術即模仿」仍是最通行的共識。甚至，十九世紀的寫實主義也可以被視為是模仿說的延續。

不過，由於模仿說以「忠於現實」與否當成評判藝術優劣的唯一依歸，不免相對輕忽了藝術品本身的美感特徵；而且，也忽略了藝術家的個性和想像力，只將他們看成是被動的記錄者。因此，藝術家的心靈常被比喻成一面如實反映自然形象的「鏡子」。

「再現說」是對模仿的反省

「再現說」（representation）是由「模仿說」衍生出的觀點，因為模仿了現實而形成的藝術品本身就是一種再現；不過，「再現」和「模仿」的觀念仍有差異。正如亞里斯多德已點出的，詩歌的模仿不必然要忠於既有的樣態；「再現」做為對事物的「再呈現」，是「類似於」原事物的反映。而藝術家對現實的再現，端賴於他看待事物的觀點或方式；也就是說，再現不全然是對事物的如實模仿，也會反映出個人的觀看方式。

「再現說」儘管仍以外在現實事物為描繪的對象，但相較於「模仿說」以藝術品與現實的相似程度為審美標準，「再現說」則顯示人們開始思考藝術如何以轉化成某種新的形式的方式來再現外在世界，也隱約注意到藝術家在這「再現」過程中所擔負的創造性。

十九世紀起「表現說」成主流

儘管自古以來西方始終以「模仿說」為主流，但「再現說」的漸漸抬頭，反映人們開始認為藝術不再是對外在世界的複製，轉而注意到藝術家內在心境的表現。終於在十八世紀末，「模仿說」的權威地位受到浪漫主義思潮的震撼而動搖。

從盧梭認為藝術是情感的流瀉而非對現實世界的複寫開始，經過華茲華斯主張「詩歌是強烈情感的自然流露」，認為藝術是因內在情感受到擠壓而噴湧為外在表現；再到法國學者斐隆於一八七八年出版的《美學》書中首次明白提倡「藝術是情感的表現」，都促使「表現說」（expression）終在十九世紀正式取代「模仿說」，成為主流說法。

模仿、再現與表現的演變與比較

模仿

古代～ 18 世紀

視藝術為對客觀世界的呈現

- 模仿說重視藝術品與現實相符的程度，以「忠於現實」與否做為評判藝術優劣的唯一依歸。
- 相對輕忽藝術品本身的美感特徵，也忽略了藝術家的個性和想像力。
- 藝術家的心靈常被比喻成鏡子，認為可以直接如實映照外界事物。

現實世界　　　　　藝術家　　　　　藝術品

再現

古代～ 19 世紀

仍視藝術為對世界的呈現，但開始注意到藝術家的個別性

- 「再現」是對事物的再呈現，也同時反映出藝術家對事物的觀看方式。
- 「再現」的事物只是「類似於」原事物的反映；每一次再現，是對原事物的眾多翻譯方式之一。

現實世界　　　　　藝術家　　　　　藝術品

表現

自 18 世紀末至今

視藝術為對藝術家內心精神與情感的呈現

- 人們不再認為藝術是對外在世界的複製，轉而注意到藝術家內在心境的表現。
- 藝術家的心靈常被比喻成像燈一樣的發光體，認為心靈本身也是它所感知的事物之一。

現實世界　　　　　藝術家　　　　　藝術品

以柏拉圖和亞里斯多德學說為根基

> 「藝術即模仿」是第一個出現的、也是影響最長遠的藝術理論，主要以柏拉圖和亞里斯多德的學說為兩大基石。他們雖然同樣主張「模仿說」，但是在學說內容上卻有所差異，需要我們仔細辨認。

蘇格拉底提出模仿的概念

蘇格拉底在思考繪畫、雕刻這類藝術的特徵時，提出了「模仿」的概念。他認為，鞋匠、鐵匠製造的鞋子、鐵器是自然界沒有的物品；而畫家、雕刻家製造的繪畫和雕像則是模仿了自然已經存在的事物。這個概念被柏拉圖和亞里斯多德所繼承，成為兩人理論的基礎。

柏拉圖：藝術是對現實的模仿

柏拉圖在〈理想國〉中提出了他著名的「模仿說」，這個主張和他的形上學、倫理學思想密切相關。柏拉圖認為，永恆不變的「理型」是至真、至善、至美的存在，而現實的一切都是對「理型」的模仿，雖然不盡善盡美，但離「理型」較近；至於藝術品，又是對現實的模仿，距離「理型」更遠，是「二度模仿」。總體而言，柏拉圖的論述建立起「理型」、現實和藝術品之間的模仿關係，而給予藝術品較低的評價。

亞里斯多德豐富模仿說的內涵

亞里斯多德在同意「藝術是模仿」的基本立場上，進一步指出「模仿」不僅是人類的天性，更是人類得以與動物有所區別的主要標誌，因為人類的知識主要是由模仿得來的。他又將詩歌（包含戲劇在內）、音樂和視覺藝術一併納入「模仿型藝術」內，主要聚焦於「模擬人的行動」的悲劇，區分出悲劇的模仿對象（情節、人物性格、人物思想）、工具（語言、音樂）和樣式（場景），提出悲劇的六大要素，建立起完備的理論體系。

亞里斯多德更細膩地將藝術品的模仿方式分成三種：一種是模仿事物過去或現在既有的樣子，一種是模仿事物被人想像的樣子，還有一種是模仿事物應該表現出的樣子。其中，最值得注意的是第三種方式，這也是亞里斯多德對於「模仿說」的最大貢獻。他肯定藝術品能夠主動地模仿事物應該呈現的樣子，反映事物具普遍性的內在本質和規律，而不只是亦步亦趨地被動模仿現實事物的狀態。他並以優秀的肖像畫家為例，認為他們的作品能在追求與人物的容貌特徵相似的基礎上，而顯得比本人更美。

也因此，相對於柏拉圖認為藝術品只能被動模仿現實，只是對「理型」的「二度模仿」而看輕其價值；亞里斯多德則認為藝術品可以表達普遍性，而給予藝術品更高的評價。

柏拉圖和亞里斯多德的模仿說

柏拉圖
藝術模仿現實

- 藝術品亦步亦趨地被動模仿現實事物的狀態。
- 認為藝術品是對「理型」的「二度模仿」,而看輕它的價值。

理型世界
是至真、至善、至美的本質的存在。

↑ 模仿

現實世界
是對「理型世界」的模仿。

↑ 模仿

藝術品
是對現實世界的模仿。

距離較近

距離較遠

藝術只是
對模仿的
模仿。

VS.

亞里斯多德
藝術有三種模仿方式

- 肯定藝術品能主動地模仿事物應該呈現的樣子。
- 認為藝術品能夠反映更具普遍性的事物本質,給予藝術品更高的評價。

事物過去或現在既有的樣子。	事物被人想像的樣子。	事物應該表現出的樣子。

最關鍵!

↑ 模仿　　　↑ 模仿　　　↑ 模仿

藝術品

克羅齊主張「藝術即表現」

十九、二十世紀之交，表現說蔚為主流，在眾多支持者中，最令人注目的是克羅齊與柯林伍德，他們主張藝術就是將感受在心靈中表現為意象的直覺心靈活動，甚至不需製作出具有物質樣態的作品。

真正的藝術品是心中的意象

克羅齊對「表現」的詮釋主要落實在人類的心靈活動層次上，這和他的「直覺」說關係密切。他強調直覺是一切心靈活動的基礎，直覺無關乎邏輯，直覺完整性和連貫性完全由情感所賦予。以這樣的論述為基礎，克羅齊主張「直覺即表現」，也就是說，直覺是透過想像，對某種感受賦予形象化的表現。

克羅齊也強調，由於感受一經直覺作用便成為具有形式的意象，所以，直覺這種心靈活動即是藝術創造活動，而直覺在心中所表現出的、具有形式的意象就是真正的藝術品。至於外在具有物質形式的作品，只是根源於心靈直覺表現所形成的複製品或備忘錄，而不是真正的藝術品。也因此，克羅齊才強調藝術是「印象的表現」，而非「表現的表現」。

情感在表現過程中變得清晰

柯林伍德承繼克羅齊「藝術即表現」的觀點，並繼續加以深化。他不僅指出藝術是一種用以表現情感的想像活動，更指出，藝術表現的是藝術家日常生活中不容易透過理智察覺到的情感。這些情感最初只是莫名的感受，藝術家可以察覺到它的存在，但並不清楚那究竟是什麼；只有在藝術創造的過程中，它才會逐漸顯現出清楚的樣貌，獲得充分的表現。

換句話說，對柯林伍德而言，「表現」情感就是探測、確認情感，也就是使原本無以名狀的情感成為清楚明晰、可具體把握的情感。因此，以「表現」為要旨的藝術活動，也就是人們設法以想像捕捉、認識、理解自己原本不甚清楚的情感，使它變得清晰的活動；而當這情感最終在某一創造出的形象中顯得明朗，也就意味著獲得了成功的表現。

不僅如此，柯林伍德還認為，當藝術家成功表現他的情感時，也有助於欣賞者在各自心中明白這份情感。因為欣賞者可以透過創作者的藝術創作來表現自己的情感，好像他原本就和藝術家有相同的情感體會；只不過，藝術家總是早先一步，把大家都能感覺到、可以共享的情感充分地表現出來。

「藝術即表現」的過程

直覺將感受在心靈中表現出具有形式的意象，這種表現就是藝術。

代表人物及論點

克羅齊： 透過直覺這一心靈活動的作用，感受才能表現成有形式的意象。

柯林伍德： 強調原本模糊的情感會經過直覺的作用而逐漸變清晰。

Step 1

人們對外在事物起初只形成不具形象的感受、無以名狀的情感。

例 陷入情網的少年，一開始只能對愛情形成各種模糊的感受。

Step 2

透過直覺活動，人們以想像表現情感。

例 為愛迷惘的少年，展開對愛的想像，尋求最適切的表達。

> 愛情到底是什麼呢？

Step 3

直覺將原本朦朧的感受表現為有形式的意象，原本曖昧不明的情感也變得清晰、可具體把握。

例 腦中出現「帶刺玫瑰」的意象，表現出愛情給人的美好與痛苦。

> 愛情就像帶刺玫瑰，美好又令人痛苦！

真正的藝術品

以技巧具體化心中成形的意象，賦予它物質的形貌。但這只是對藝術品的複製。

例 畫出心中的那朵玫瑰花。

藝術品的複本

情感與形式
藝術是種有意義的形式

若以藝術品為中心來思考藝術的特質，「形式」顯然是它最為顯著的特徵。西方歷來不乏對「形式」的討論與關注，二十世紀後更有貝爾、卡西勒與蘇珊‧朗格等名家紛紛提出具代表性的學說。

對形式的重視由來已久

「形式」（form）是美學中歷時久遠、始終不可撼動的重要概念之一，早在古希臘時期，人們便發現「黃金比例」之美；此後，許多和形式相關的概念，如「比例」、「秩序」、「和諧」、「均衡」也長期以來被視為是美的基本特質。簡單地說，「形式」是對各部分做出適當的整體安排，也就是所謂的「寓雜多於統一」。

亞里斯多德應是最早對藝術的形式特徵進行系統性討論的哲學家，他在《詩學》中指出，一個作品應是由開頭、中段與結尾組成的一個「有機的統一」，他所謂的「有機」，是指作品要像有機體一樣，整體中的各部分彼此之間必須密切關連，一如人體的各器官間相互依存。而黑格爾在他以藝術美為主要探討的《美學》中也指出，美是以感性形式對理念所做的顯現，同樣肯定形式的重要。

回到「藝術品」本身的思考

隨著西方藝術概念歷經「模仿」到「表現」的變化，接續此演變的二十世紀學者們，也有更深刻的反省。正如卡西勒在《人論》中所說，

無論是「模仿」或「表現」，這兩種概念所理解的藝術都同樣是複寫的活動，只不過，複寫的對象，從對於具體現實世界等外在事物，轉變成對人們由眾多紛雜情感、思緒組成的內心世界。因此，相對於外部的現實世界以及藝術家的內心世界，學者開始更聚焦於「藝術品」本身，就其形式、結構來思考「藝術」的意義。

藝術是「有意味的形式」

以視覺藝術為主要研究對象的英國美學家貝爾，在他的代表作《藝術》一書中提出著名的形式說。他指出，從世界各地、無論古今的藝術品中，我們都能夠找出一種共同的性質，就是「有意味的形式」（significant form）。也就是說，舉凡中世紀歐洲教堂的窗飾、墨西哥的雕刻、波斯的古碗、中國的地毯、喬托的壁畫、塞尚的靜物畫，這些藝術品都具有將線條、色彩組合成獨特關係，從而能引發人們美感的形式。總而言之，他強調「有意味的形式」就是一切視覺藝術的本質；不僅如此，他認為這個論點也同樣適用於標題音樂。

基於對「形式」的重視，貝爾認

形式說的出現與主張

模仿說
藝術是對客觀世界的呈現。

VS.

表現說
藝術是對藝術家內心精神與情感的呈現。

這兩種學說都是將「藝術」視為「對某一事物」的複寫，只不過複寫的對象從外在世界改成內心情感。

形式說

更聚焦於「藝術品」本身，就其形式、結構等要素來思考「藝術」的意義。

〈米羅的維納斯〉

敦煌飛天畫作

馬諦斯〈舞蹈〉

? 為什麼這些不同時代、文化的藝術品都能令人產生美感？它們共同擁有的特質是什麼？

 藝術是「有意味的形式」
這些藝術品的共同特質是都將線條、色彩組合成特殊的形式，因而引發人們的美感。

為，人們在欣賞藝術時無需關心它是再現何種現實生活，或是想表現出藝術家的哪些觀念或情感；反而只有純然專注於形式，才能體會到藝術品不受時空限制的美感與真正價值，不致被個人有限的生活經驗及隨之形成的聯想、情感、觀點所侷限。

俄國形式主義重視語言形式

這股回到「藝術品」本身的思考轉向，也同時反映在文學研究上。二十世紀初期的俄國形式主義吸收了語言學與詩學的研究成果，反對讓文學只成為反映社會或表達思想的工具，想要確立「文學性」的本質。他們重視作家的技巧，指出文學的敘事手法、情節安排等形式安排和主題緊密相關，並且強調文學語言的特徵在於對日常語言的「陌異化」，也就是脫離日常語言的常規而加以變化，令人感到耳目一新。形式主義的學說產生極大影響，隨後興起的「布拉格語言學派」，甚至日後法國的結構主義都和它緊密相關。

藝術是種表現情感的符號形式

在二十世紀的形式說中，還應注意的是由德國哲學家卡西勒提出，後經美國哲學家蘇珊・朗格發揚光大的情感形式論。卡西勒以符號形式為主而建構起一套「文化哲學體系」，指出人之所以異於動物的關鍵，就在於

人能夠發明、運用各式「符號」來創造出理想的生活世界。其中，他認為藝術做為一種符號，其主要功能在於為情感制定合宜的形式，使情感得以表現。可以說，卡西勒在認可「表現說」的基礎上，更強調藝術「構形」的重要性；換句話說，他認為藝術家在進行創作時，比起專注在情感本身，更應專注在對各種形式的觀照和創造。

蘇珊・朗格繼承了卡西勒的理論，主張藝術是「人類情感的符號形式的創造」。一方面，她認為「藝術是情感表現」的說法不夠完整，因為如果只有情緒的表現的話，不必然能成為藝術；另一方面，她也強調，藝術創造和工匠製造雖然最終都落實於物質性的形式，但工匠的製造只是對現成材料的組合，而藝術則不只是材料的安排，更是藝術家運用想像力所創造出的情感形式。蘇珊・朗格並指出，當情感一旦經由藝術想像加以符號化，轉化成可具體感知的形式時，這個情感形式便具有抽象的普遍性，成為人類普遍共通的情感概念；換句話說，情感形式不僅是個人情感，更是人類共同情感概念的表現。

情感形式論

藝術 ≠ 表現情感

單是情緒的表現不必然成為藝術。

例 哭泣是情緒的表現，但不是藝術。

藝術 ≠ 賦予形式

單是形式的安排不必然成為藝術。

例 工匠的製造只是對現成物質材料的組合。

情感形式論

藝術是人類運用想像力，根據情感創造出符號形式的一種活動。

代表人物及論點

卡西勒： 藝術這種符號的主要功能是為情感制定合宜的表現形式。

蘇珊·朗格： 藝術活動創造出的成品就是「情感形式」；它表現的不僅是個人的情感，還是人類共同享有的情感概念。

主觀個人情感

例 哀傷的情緒。

想像力的作用

例 發揮想像，以傳達情感。

經過符號化、形式化

例 運用素材，進行創作。

具普遍性的情感形式

例 完成藝術品。

對藝術品定義的反思
藝術品一定要創造內容和形式嗎？

從最寬泛的角度說，藝術品可指各種運用技術而製成的人工產品，但為了凸顯藝術品異於其他人工物品的特質，歷代學者紛紛提出各種主張。隨著藝術觀念與創作型態的轉變，現代人對於藝術品的定義又有更新的反思。

以內心直覺為真正的藝術品

縱觀歷代說法，最關注藝術本質，並以此定義「藝術品」的代表學者，當屬克羅齊、柯林伍德一派。他們認為，真正的藝術品是一種由直覺創造出來的心靈形象，也就是「意象」，其製作與完成都僅在人的心靈中。至於藝術家以物質、材料媒介創造的具體物件，則稱不上是「藝術品」，只不過是藝術家的備忘紀錄，用以保存創造出的意象。

克羅齊等人的定義，固然充分凸顯出藝術為人類心靈創造活動的特殊性，但不免忽略了藝術創造中同等重要的一環，也就是處理材料、媒介以落實為物質形式的「技巧」（technique）。

兼具內容與形式的有機體

相較之下，黑格爾在《美學》中雖然也肯定，只有經由心靈的創造活動產生出來的產物才能稱之為藝術品；但他同時強調，藝術品還有純然關於技巧的層面，並一一指出各類藝術對技巧的重視程度。黑格爾的這種說法兼重心靈創造與技巧運用，顯得更為周詳全面。畢竟，技巧的運用、創新常常與心靈的創造互為表裡；並且，藝術的形式也得憑藉著技巧的操作，才能落實為具體的物件。

此外，亞里斯多德更早已提出藝術品是一種「有機體」，點出它內在結構的相互支持與完整性。因此，綜合各家意見，不妨說，傳統定義中的「藝術品」是種兼具內容與形式的有機整體，它以心靈創造為基礎，還需要運用技巧才能完整呈現出來。

對藝術品的再省思

不過，藝術品的定義至今仍隨著人們的再省思而持續變化著。如達達主義藝術家杜象最著名的藝術品，只是在一座由工廠大量生產的小便斗上直接簽上自己的名字，並命名為〈泉〉，就宣稱完成了一件藝術品而放在美術館內展示；這樣的藝術創作，正是有意挑戰、顛覆人們對「藝術品」的既有觀念。

不僅如此，「藝術品」的認定權也逐漸從創作者轉移到欣賞者手中。如展示於博物館的古代器物，在古代具有實用性，但對現代已經不再使用這些器物的人們來說，則是因為它的精緻做工或特殊形式而認為它是「藝術品」。如此看來，某件物品能否被稱為是「藝術品」，顯然也因時空條件的差異而有所不同。

藝術品的定義

傳統對「藝術品」的理解

心靈創造
根據情感、概念，透過想像等心靈活動進行創造。

技巧運用
考慮材料、媒介，運用技巧創造出特殊的形式。

藝術品
- 以心靈創造為基礎，並運用技巧而完成的有機整體。
- 兼具內容與形式，且往往能引發人們無關利益的愉悅。

現代對「藝術品」的重新省思

「藝術品」的定義隨著不同時空的受眾而改變。

- 藝術品不一定需要創作者運用技巧創造出形式，可以只是概念的表達、突破或創新。

例 達達主義藝術家杜象直接將小便斗命名為〈泉〉，便宣稱這是藝術品；超現實主義畫家馬格利特畫了一幅只有一根煙斗的畫，卻命名為〈這不是一根煙斗〉，進行概念的顛覆。

- 藝術品本身不一定需要有概念的傳達，也不一定無關功利。即使沒有傳達概念，也可以因做工精緻，或是脫離實用的時空背景而成為藝術。

例 龍山文化陶器、北宋汝窯瓷器等在古代具有實用性的器物，如今不再被拿來使用，而是因其形式的美而被當成藝術品加以收藏。

藝術品風格的形成
由創作者創造，由接受者辨認

「風格」是某種存在於藝術品中、可辨識出的獨特性，它不僅關乎主題內容、個人性情，也關乎形式、結構、技巧等表現。而「風格」的形成不僅由創作者單方決定，更有賴於接受者的辨識。

融合精神與形式的獨特表現

一般而言，人們對「風格」的理解常與「創作者」的概念緊密相連，一如法國學者彪封提出的名言：「風格即人格（Le style c'est l'homme même）。」人們總認為風格是由創作者賦予藝術品的特殊印記，具體表現在作品中性情表現與形式運用的獨特性。而風格的奧妙之處正在於，儘管同一作者在不同作品所呈現的形式、主題各異，但卻可以展現出同樣的個人風格。

不過，每種風格具體顯示方式仍不盡相同，有些風格表現於技法的運用，有些表現於主題的選擇，有些反映在情感的偏好，也有些呈顯在形式的安排，必須就個別作者或作品一一考察、比對並歸納。整體而言，目前對「風格」的討論，至少有以下幾種類型：個人風格、群體風格、時代風格（如中古時期和巴洛克時期的差異）、地域風格和文體風格（如小說和詩歌風格的差異）。

在這基礎上，我們甚至可以進一步探究同一位創作者在各個階段間的風格變化，如畢卡索在不同時期中仍有「風格」的差異；此外，也可由單一創作者的概念向外擴展，觀察不同創作者共享的相同風格。

風格有待接受者的加以辨認

更重要的是，我們應明白：「風格」的形成不只由創作者家來決定，它也需經過藝術接受者的確認。正如美國當代文化評論家蘇珊‧桑塔格在〈論風格〉一文中所指出的，對任何「風格」的判定與辨識都需要透過接受者的眼光，只有當接受者將藝術品放置在歷史脈絡中，和其他藝術品、或既有藝術規範進行比較時，才能夠辨識出某種特殊風格。換句話說，如果沒有接受者對藝術品進行相互比較，就難以在藝術發展的變化中辨識出某種風格的樣貌，也無從理解其獨特的精神內涵或審美意趣。

正因如此，隨著不同接受者眼光的轉變，同一創作者、甚至同一作品可能在接受者眼中呈顯出不同的「風格」。舉例來說，有關畢卡索的風格分期眾說紛紜，原因自然不僅在於他本身的風格多變，也在於接受者各有不同的辨認方式。所以，可以說，「風格」是由創作者賦予藝術品，而有待接受者加以辨識的特殊表現。

風格的形成

風格的創造者
- 風格是由創作者賦予藝術品的特殊印記。
- 具體表現作者在作品中性情表現與形式運用的獨特性。

個人風格
例 李白和杜甫的差異。

類型風格
例 小說和詩歌風格的差異。

藝術品

群體風格
例 印象畫派和寫實畫派的差異。

地域風格
例 南北詩歌風格的差異（北方質樸；南方浪漫）。

時代風格
例 ●中古時期和巴洛克時期的差異。
●唐詩和宋詩的差異。

接受者
風格的辨認者
- 藝術品的特殊印記必須交由接受者來辨識。
- 如果不能被接受者所辨識，就不一定能形成風格。

對詩呈現真理和情感的不同解讀

柏拉圖和亞里斯多德對詩歌作品的看法，和兩人的模仿說息息相關。他們同樣考慮了詩歌傳達真理的效用，卻得出相反的結論。此外，對於詩歌引發讀者情感的作用，他們也給出不同的評價。

詩歌內容能不能傳達真理？

在柏拉圖的觀念中，詩歌可分為兩類，他肯定具有迷狂性的詩歌，認為那出自受繆思眷顧的詩人之手，有如神諭；但他卻對如繪畫般需要運用技巧的詩歌做出許多批評。

首先，他批評詩歌的內容並不真實，因為詩歌雖然描寫了許多事物，但沒有掌握事物的真理，而容易以迷幻的表象來誤導讀者。並且，他也批評荷馬的史詩往往描寫希臘眾神各種負面的情緒表現，如因貪婪、愚昧、嫉妒、憤怒而縱情享樂、相互陷害、引發戰爭等，這些描述不僅不真實，更詆毀了眾神該有的神聖形象。總而言之，柏拉圖在意的是詩歌是否「真、善」，並以此做為「美」的標準。柏拉圖因此主張，應該只允許詩歌描繪美善的事物；如果詩人寫了不是這樣的作品，那麼就應該將他們驅除出「理想國」。

相對地，亞里斯多德肯定詩歌技巧的價值，並且賦予詩歌更崇高的任務，也就是超越現實的狀況，來傳達具有普遍性的真理。他指出，詩歌能透過對「可能性」和「必然性」的掌握而呈顯出事物應該有的普遍性。他甚至認為，詩人的天職就是致力於說明那些應該發生的事情。

有意思的是，不論是站在反對立場的柏拉圖，還是站在肯定立場的亞里斯多德，他們雖然對詩歌有截然不同的看法，但是卻都出於相同的考量，也就是以「詩歌能否傳達真理」做為標準。

詩歌引發情感，是好是壞？

關於詩歌對人們情感的影響，柏拉圖和亞里斯多德也各有見解。柏拉圖批評詩歌費了許多筆墨來描述情感，這使人容易沉溺在情感中，不受理性的控制，而疏於追求更高尚、善良的道德品格。就如他對悲劇的批評，認為悲劇情節往往讓好人蒙受過於強烈的苦難，不能落實「善有善報，惡有惡報」的價值觀，而使得正義的價值無法彰顯。

亞里斯多德對於詩歌引發人們情感的作用，並不像柏拉圖那樣帶著負面的看法。以悲劇為例，他認為悲劇的情節安排能夠激發觀眾的恐懼和哀憐之情，但是這並不表示觀眾將陷溺其中而失去理性，相反地，亞里斯多德強調的是悲劇會淨化這些原本在觀眾心中積累過量的情感，使觀眾恢復心靈的平靜。

柏拉圖和亞里斯多德的詩歌觀

柏拉圖　　　亞里斯多德

兩人都以「詩歌能否傳達真理」，做為考量的標準。

	詩歌種類	
將詩歌分為兩類： ●迷狂性的詩歌→不是「藝術」，但給予肯定。 ●技巧性的詩歌→是種「藝術」，但給予批評。		幾乎不談論靈感，而指出詩歌需要技巧→是種「藝術」，並給予肯定。

	詩歌內容	
批評詩歌不能掌握事物的真理，而容易以迷幻的表象來誤導欣賞者。		肯定詩歌能呈顯出事物應該有的樣子，也就是普遍性的真理。

	詩人職責	
只允許詩歌描繪美善的事物；如果詩人寫了不是這樣的作品，那麼就應該將他們驅除出「理想國」。		認為詩人的天職就是致力於說明那些應該發生的事情。

	詩歌引發情感	
認為悲劇費了許多筆墨來描述情感，使人容易沉溺在情感中，不受理性的控制，而疏於追求更高尚善良的道德品格。		認為悲劇的情節安排能夠激發觀眾的恐懼和哀憐之情，淨化這些原本在觀眾心中積累過量的情感，使觀眾恢復心靈的平靜。

藝術類型的特質與比較
時間藝術 vs. 空間藝術

萊辛在他的代表作《拉奧孔》中,透過比較以希臘人物拉奧孔為主題的詩歌和雕像,清楚揭示出詩與畫的界限。他的論述深刻剖析了兩種藝術類型的表現特質,是他對西方美學的重要貢獻。

詩與畫的界限

萊辛指出,繪畫、雕刻等視覺藝術是空間性的藝術,可在空間中同時表現出構成作品整體的每個部分;相反地,詩歌是時間性的藝術,可表現出對象的持續動作或發展變化。這就造成兩者在取材、表現上的明顯差異,因此繪畫和詩歌無法互相模仿。

萊辛首先說明,視覺藝術既然只能表現瞬間的畫面,那麼畫家就應該描繪能產生最大效果、提供觀者最多自由想像的瞬間畫面;但是,這一瞬間又不能是事件的最高潮,因為那將限制了觀眾想像的空間。相反地,詩歌能以時間先後來敘述情節複雜的故事,但情景塑造只能交由讀者進行個人的主觀想像。

在塑造人物形象上,繪畫要求表現人物容易辨識的典型性格;但詩歌還能依照情境而描寫人物的各種情感。萊辛並舉例說明:如果是以愛神為主題,畫作中最好只表現出愛神的美與魅力以與她最大性格特徵的「愛」相符;但詩歌則不然,還能夠描寫愛神發怒或憂愁的模樣。

至於描繪美的方式,視覺藝術以表現對象的形象美為原則,因此即便是痛苦的時刻,也儘量避免醜陋的形象;至於詩歌,則採取暗示的方式來描繪對象的美,如盡力渲染美的效果,或是將靜態的美貌化為動態的媚態。

「詩中有畫,畫中有詩」

萊辛所舉出的詩歌特點,也可在中國詩歌中找到例證,如漢樂府〈陌上桑〉以行者、少年、耕者、鋤者各自見到羅敷後的行動來烘托其美貌;〈佳人歌〉也以「傾國傾城」的效果來讚揚李夫人之美;而《詩經‧碩人》一詩最後「巧笑倩兮,美目盼兮」的化美為媚,更是具畫龍點睛之效。這些都印證了萊辛所說的詩歌對美的描繪的方式。

不過,相對於西方,詩歌和繪畫在中國的審美心靈中似乎不那麼壁壘分明。中國畫總是在空間中透過線條、墨色與留白來營造「氣韻生動」的流動感;甚至,長卷畫作更體現出中國畫具有時間性的特徵,觀者開卷時所依序見到的,並非單一時刻的整體風光,而是隨著視線流動體會的不同時間的景象。因此,我們不應僅以西方「空間藝術」的繪畫觀念來理解中國畫,而更應注意到它的獨特性。

詩與畫的異同

萊辛比較以希臘人物拉奧孔的死亡為主題的詩歌和雕像，清楚揭示出詩與畫的界限：

故事背景 拉奧孔在特洛伊戰爭中曾警告特洛伊人，若是接受希臘人留下的木馬，將會帶來屠城的災難。雅典娜因此派出兩條海蛇絞殺他和他的兒子，希臘人的木馬計終究獲得成功。

詩→時間藝術

拉奧孔的詩歌

維吉爾《埃涅阿斯紀》（又譯《伊尼特》），作於西元前 1 世紀左右。

> 拉奧孔想用雙手拉開它們的束縛，但他的頭巾已浸透毒液和瘀血，這時他向著天發出可怕的哀號，正像一頭公牛受了傷，要逃開祭壇，掙脫頸上的利斧，放聲狂叫。

詩中極力描寫父子三人被海蛇纏繞、咬嚙致死的慘狀，描寫拉奧孔臨死前因痛苦而哀號的景象。

畫→空間藝術

拉奧孔雕像

羅德島三名雕塑家《拉奧孔和他的兒子們》，作於西元前 1 世紀左右。

雕像表現均衡的肢體線條與冷靜的表情，抹去痛苦而死的激烈情緒。

詩	題材呈現	畫
可以表示複雜的情節故事發展，但情景塑造只能交由讀者進行個人的主觀想像。	**題材呈現**	應描繪能產生最大效果、提供觀者最多自由想像的瞬間畫面，但不能是事件的最高潮，因那將限制想像的空間。
能依照情境而描寫人物非典型的其他情感。 例 能描寫愛神發怒或憂愁的模樣。	**人物形象**	要求表現人物容易辨識的典型性格。 例 描繪愛神時最好只表現出和「愛」相符的美與魅力。
採取暗示的方式來描繪對象之美，如盡力渲染美的效果，或是將靜態的美貌化為動態的媚態。	**美的表現**	以表現對象的形象美為原則，即便是痛苦的時刻，也儘量避免醜陋的形象。

Chapter 8
藝術創作

一切藝術活動都以藝術創作為開端；若沒有創作者的登場，藝術品也就無從問世。隨著十八世紀末浪漫主義的浪潮，「藝術家」的形象開始變得鮮明；但怎樣才能成為「藝術家」？「藝術創作」活動有哪些特質？為回答這些問題，本篇將從藝術家和工匠的差異談起，逐步揭示藝術創作中的心靈活動，以及藝術創作的整體流程，並思考各種社會支持因素帶來的影響。

學習重點

✔ 「藝術家」和「工匠」有什麼不同？

✔ 成為藝術家需要具備哪些條件？

✔ 「想像」和「聯想」的差異是什麼？什麼是做為藝術創作起點的「創造的想像」？

✔ 「靈感」是如何形成的？古人和今人的看法有何差異呢？

✔ 創作藝術品會經歷哪些過程？

✔ 藝術家如何兼顧經濟的支持與創作的獨立性？

藝術家的形象
藝術家和工匠的差別何在？

如今我們普遍認為藝術家總有鮮明的個人形象；但實際上，直到十八世紀末浪漫主義興起，人們才開始重視藝術家的性情。在此之前，具備精湛技藝才是成為「藝術家」的基本要求。這麼說來，藝術家和工匠的差異又是什麼呢？

為藝術家的形象進行速寫

我們常認為藝術家的個性是自由奔放、浪漫熱情的，而非一絲不苟、節制謹慎的。我們會期許他有一顆纖細敏銳的心靈，充滿天馬行空的想像；而難以想像他沒有鮮明的自我主張，對前人步伐亦步亦趨。的確，無論古今中外，不難找到符合此形象的藝術家，如被稱為謫仙的李白，或者是割下自己左耳的梵谷，或多或少強化了這種特立獨行、甚至有些瘋狂的「藝術家」形象。

不只是浪漫精神的代言人

不過，這樣浪漫不羈的藝術家形象，其實是從浪漫主義興盛後才形成的樣貌。在浪漫主義盛行時期，無論詩歌、繪畫、音樂等各領域，都相當強調藝術家的天才、靈感及主觀情感；相對地，這種想法忽略了藝術家在進行藝術創作時，其實也需要高度的理性考量和技術，就像是音樂家總是講究和聲、對位等結構，畫家、雕刻家也必須透過解剖學來掌握人體之美。不過，如今人們腦海中的藝術家肖像顯然已經深深受到浪漫主義精神的浸染，相對忽略了藝術家除了天才之外，更同時具備精湛技術的事實。

藝術家應創造具精神性的作品

我們知道，「藝術」的原意是指「技術」，因此「藝術家」的本意應該是指懷有一技之長的人；這也是為什麼從古希臘到中世紀，畫家、雕刻家等藝術工作者和鞋匠、鐵匠、木匠的身分幾乎並無二致。

直到文藝復興之後，藝術家（artist）跟工匠（artisan）的身分才開始有了區別。這一方面是出於以畫家為代表的藝術工作者開始形成身分的自覺，想強調自己的作品比工匠的勞動成果價值更高；另一方面，也是因為人們的確意識到藝術品和一般工藝品的差異。也就是說，雖然藝術品和工藝品同樣倚重技術，但工藝品只是技術的操作和運用；相較之下，藝術品更具有精神性的內涵，可以揭示人類生活中深層的精神面貌。正如海德格所說：「使藝術家成為藝術家的是藝術作品。」可以說，人們是先確認了「藝術品」的價值後，才承認它的製造者是「藝術家」的。

如此看來，藝術家和工匠的差異，並不在於性情的差異或技術的高下，更不在於作品類型的不同；關鍵在於能否以純熟的技術在作品中呈現出豐富的精神意涵，而不只是進行制式化的製造。

藝術家與工匠的分別

	工匠 artisan	**藝術家 artist**
製作成果	未能製作出具有豐富精神意涵的作品。	能夠製作出具有豐富精神意涵的作品。
技術水準	良好	良好
創作態度	多半依循既有的技術方式或製作規範，不追求突破或改變。	願意追求技術的鍛鍊和突破，運用方式較具創造性。
製作動機	依製造定則、實用要求進行製作。	有想要表達的關懷主題、情感或思想。 如米開朗基羅認為雕刻是將雕像的形象從石頭中解放出來。
處理材料的考量	偏重物品的實用性，偏向考慮適合做成何種成品，可用何種技巧處理。	偏重物品的美感，重視藝術形象的想像和構思。
成品樣貌	成品多半大同小異、較制式化，顯得有些匠氣。	成品往往獨一無二、各具姿態，展示出更多精神性。
舉例說明	畫匠繪製的各幅風景畫在構圖、技巧、配色大同小異。陶藝工匠製造出的花器和食具各有固定模型，不可相互混淆。	故宮收藏的翠玉白菜玉雕及橄欖核舟，展現出藝術家巧妙的構思與精湛的技藝。

兩者的差異關鍵不在於性情、技術或作品類型，而在於製作成果。

成為藝術家的條件
藝術家憑的是天分還是訓練？

我們常以「才氣、才情、才華」等詞彙來形容藝術家，乍看之下，藝術家的才能好像是與生俱來的；但事實上，才能的表現也有賴於後天的學習與訓練，還受到了生長環境的影響。

以先天才能、性情為基礎

關於藝術家「才由天成」的概念，不妨舉一則有趣的中國文人傳說為例：向來才情洋溢的南朝詩人江淹，在某晚夢中，見到已逝詩人郭璞向他索回寄存已久的五色彩筆；沒想到，夢醒之後，江淹竟然再也無法寫出精采詩作，以致人稱「江郎才盡」。這則傳說以「五色筆」的具體形象來比喻個人的「天才」，充分傳達以下的預設前提：能否成為一名藝術家，端賴於其先天才能的有無，而不能由人自行決定。

如今，人們大多同意藝術家在先天方面具有不同於常人的人格特質：他們多半情感豐富、感受敏銳、有豐富的想像力和創造力。不過，藝術家的藝術表現真的完全取決於先天才能的有無或多寡嗎？

以後天學習、訓練為要求

對這問題，中國文藝批評家劉勰曾提出先天「才」、「氣」和後天「學」、「習」四種因素進行討論。他認同文藝創作反映出先天「才」、「氣」的影響，但同時他也強調後天「學」、「習」有助於精進技巧，可以進一步發展、擴充個人才能。

西方哲學家黑格爾也所見略同，他認為藝術家雖然有一定的天才，但其才能的培養仍有賴於對創作方式的思索和反覆的實際練習。畢竟，藝術創作意味著對某種技巧的掌握，而技巧的熟練與靈感無關，更需要的往往是長時間的琢磨練習。若是缺乏技巧，也就意味著失去隨心所欲運用材料的藝術表現能力，恐怕容易產生創作構思與創作結果之間的落差。並且，黑格爾也指出，藝術家必須通過學習，才能進一步對心情和靈魂的深度有所認識，而將其納入構思內容，做出更深刻的表現。

生長背景的薰染也不容忽視

除了個人先天、後天的條件外，我們還必須注意到個人所處的生長環境。正如丹納在《藝術哲學》中強調的，舉凡氣候環境、時代思潮、民族特性、社會文化等外在背景因素，都會對藝術家的思考模式、情感關懷、甚至創造力發揮重大影響。

整體而言，先天才能固然重要，但它並非影響藝術創作的唯一因素。只有「生長背景」、「先天才能」和「後天努力」三者兼具，才可能宣告藝術家的誕生。

藝術家誕生的三條件

先天才能

藝術家往往具備情感豐富、感受敏銳、有豐富的想像力和創造力等基本個人特質。在此基礎上，每個人又有不同的性格。

例《文心雕龍‧體性》：「才有庸俊，氣有剛柔。」

後天學習

藝術家需經過後天學習、訓練來掌握創造的技巧，使技藝精湛純熟。

例《文心雕龍‧體性》：「學有淺深。」

生長背景

藝術家也會受到生長地域環境、時代風尚、民族性格和文化條件的影響。

例《文心雕龍‧體性》：「習有雅鄭。」

藝術家的誕生

- 上列三項條件是成為藝術家必備的條件，缺一不可。
- 但即使具備這三項條件，也不必然能成為藝術家。

藝術創作始於心靈「創造的想像」

隨著十九世紀起「表現說」的流行與普及，如今人們普遍認為，藝術的創作過程以創作者自由的、創造的想像為起點。而「聯想」和「通感」也都在藝術的想像過程中發揮作用，建立起藝術品獨立自足的內在秩序。

想像以「自由」為基本特徵

一般而言，「想像」（imagination）是指在心中喚起某些具體形象的活動，而它最關鍵的特質正是「自由」，因為想像可以讓人輕易突破現實環境、身體行動、甚至是生活經驗的限制，自由地探訪想像所及的景物、甚至構築起前所未見的嶄新世界。正如劉勰所說：「寂然凝慮，思接千載；悄焉動容，視通萬里。」人在從事想像時雖然處於安靜的狀態，但卻能超越時間和空間的限制；身體雖然沒有離開當下的空間，卻可以在腦海中遍覽壯麗山海景象，彷彿「登山則情滿於山，觀海則意溢於海」。

想像以「聯想」為基礎

不過，想像並非總是憑空出現的，許多時候它以「聯想」（association）為基礎。「聯想」是指根據既有經驗或認知，而從某一事物連繫到另一相關事物的心靈活動。「聯想」又可依兩種事物間的不同關係分成四類。第一種是由於二者在時間、空間的相近而形成的「接近聯想」，如提到夏夜便想到螢火蟲，赤壁則輕易讓人想起三國故事。第二種是由於二者間有因果邏輯的關聯性而形成的「因果聯想」，如開花令人想到結果，少雨令人想到旱災。第三種是「類比聯想」（也稱「相似聯想」或「類似聯想」），則因兩者在性質或形態上有某種相似的共通特性，如明媚的春光令人想起同樣處在成長階段、對人生充滿希望的少年，也像是中國人總將耐寒的松竹梅比擬為有節的君子，又由淡雅的菊花想到恬淡的隱士。第四種則是兩者在性質上恰好相對的「對比聯想」（也稱「相反聯想」），如由老人相對想起嬰兒，由森林相對想到沙漠、由正數相對想到負數、由美相對想到醜等，都是對比聯想。

以上四種聯想關係分別受「時空接近律」、「因果律」、「相似律」和「對比律」所支配。這表示無論是哪一種聯想，都有一定脈絡可以理解；不過，聯想產生的當下，其活動都同樣是自由而不受拘束的。

聯想與想像的比較

儘管「聯想」是「想像」的基礎，但兩者仍有差異。就聯想而言，一方面，它不必然導致具體形象的出現，可以僅是「概念」的聯繫，如由「夏夜」聯想至「炎熱的」、「七

想像以「聯想」為基礎

聯想是根據既有的經驗、認知，從某一事物聯繫到另一相關事物的心靈活動。
例 由花形成的各種聯想。

接近聯想

二事物因時、空相近所形成的聯想，受時空接近律支配。

例 花→生長的地方→種滿花的窗台。

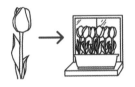

因果聯想

二事物由於因果邏輯的關聯性所形成的聯想，受因果律支配。

例 花→植物的繁殖器官→果實。

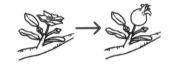

類比聯想

二事物因性質的相似所形成的聯想，受相似律支配。

例 花→甜美動人→甜美的少女。

對比聯想

二事物因性質的相對所形成的聯想，受對比律支配。

例 花→柔弱嬌小→挺拔高大的樹。

	形成關鍵	新事物與原事物的關聯
聯想	二事物間不必然有具體形象的連繫，可以僅是「概念」的連繫。 例 由「雪」聯想至寒冷。	以既有經驗、認知為根據，聯想到的新事物往往呈現常見的面貌。 例 由「時間」聯想至「時鐘」。
想像	必然有具體形象在心中的成型，也就是「意象」的出現。 例 由「雪」聯想至「柳絮」的意象。	有更大的自由，新形成的「意象」可以是常見的形象，甚至可以是超越現實生活經驗、充滿幻想的新形象。 例 由「時間」想像出「融化的時鐘」。

夕」；另一方面，聯想主要以既有經驗、認知為根據，其聯結的事物不必然對既定面貌有所改變。

至於想像，它必然涉及具體形象在心中的成型，也就是「意象」（image）的出現；並且，想像較聯想有更大的自由，其「意象」不僅可以是對既有形象的重新映現，甚至可能是超越現實生活所見的嶄新形象，而有無限的可能，一如人們的夢境，往往展現了最精采的想像。

藝術創作倚賴「創造的想像」

不過，想像做為人類普遍共有的能力，其作用範圍並不僅限於藝術領域，即使是重視理性、邏輯的科學活動，也同樣需要想像力的協助。因此，我們更應思考，藝術創作活動所需要的那種想像有何特殊性。

首先，做為藝術創作基礎的想像是以情感為主要動力；並且，藝術創作活動中的想像更以「創造性」為重要關鍵。必須釐清的是，所謂的「創造性」並非要求藝術家無中生有、憑空創出前所未見、天馬行空的奇特景物，而是強調對「新秩序」的安排。換句話說，即使是以既有的形象為材料，只要能憑著情感動力對舊材料重新安排或進行加工，展現出新秩序，就能稱為是「創造的想像」。

常藉「聯想」營造新秩序

認識到「創造的想像」的作用在於為藝術創作建立秩序後，我們才能進一步討論，做為其基礎的「聯想」在藝術創作活動中有何重要性。除了少數如超現實主義繪畫般近似反映人的無意識與夢境的藝術想像外，藝術想像常藉由「聯想」來重新營造形象的秩序，並賦予新秩序豐富深刻的意義。如轉化、象徵手法是與「類比聯想」相關，對比、映襯等手法又與「對比聯想」相關。

舉例來說，如蘇東坡「欲把西湖比西子，淡妝濃抹總相宜」，將西湖想像為美女，成功凸顯出西湖景色的千百風情；又或者，像是卡夫卡《變形記》以「蟲」的型態來指涉現代人們困縛、無力的生命困境；這些想像都是形象之間的聯想。

「通感」有助感官形式的轉化

此外，還有一種特殊的聯想方式，也就是「通感」（synesthesia，又稱「聯覺」），是指各種感官感受的相互轉化、挪移，像是將視覺的光亮換成觸覺的溫暖，或是將味覺的苦澀轉換成觸覺的粗糙等。「通感」在藝術創作想像中也有其貢獻，如抽象繪畫的創始人康丁斯基便提出相關理論，主張人可從音樂中「聽見」顏色；而「標題音樂」也有賴作曲家運用想像，將各種視覺、觸覺等感受轉化成音樂形式，如《魔法師的學徒》、《行星組曲》都是代表佳作。

藝術創作是「創造的想像」

- 創作者憑著情感動力，對舊材料重新安排或進行加工，在藝術品中展現出新秩序。
- 「新秩序」的安排主要有「聯想」和「通感」兩種方式。

①可藉由事物間的「聯想」營造出新的形象秩序。

⑨ 蘇軾名句：「欲把西湖比西子，淡妝濃抹總相宜。」

◯ 無論晴、雨都有美景的西湖，就像是西施無論淡妝或濃妝都很適合。

舊材料：
西湖的迷人景色。

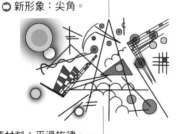

新形象：
風情萬千的美女。

⑨ 卡夫卡《變形記》中主角一覺醒來，發現自己變成一隻龐大的甲蟲。

舊材料：
人受到困縛、在資本社會中被異化的生命樣態。

新形象：
肥大而行動不便的甲蟲。

②也可藉由「通感」轉化不同的感官感受，形成秩序。

⑨ 抽象繪畫的創始人康丁斯基從音樂中「聽見」顏色，畫下《構成第八號》（Composition VIII）。

舊材料：高音。
◯ 新形象：尖角。

舊材料：平滑旋律。
◯ 新形象：圓滑線條。

⑨ 「標題音樂」中將各種視覺、觸覺等感受轉化成聽覺形式，如霍爾斯特的《行星組曲》。

舊材料：成熟穩重的土星。
◯ 新形象：優雅流動的弦樂。

舊材料：恢弘壯闊的木星。
◯ 新形象：明快亮麗的銅管音色。

靈感是什麼？
來去不由自主的靈感

相較於其他活動，藝術創作對於「靈感」（inspiration）的需求更為強烈。從早期人們認為靈感是神靈的賦予，到現代「無意識」的發現，人們逐漸揭開靈感神秘的面紗。

神靈附身的時刻

在古希臘時期，人們認為靈感是由「繆思」（Muses）女神們所賦予的，她們同時被認為是藝術之神。一如柏拉圖在〈依翁〉中提到的，古代人相信詩歌與音樂的創作是因繆思將靈感注入創作者心中，使人陷入迷狂，受到神聖力量的強大驅迫而完成美妙的作品。一旦繆思帶著靈感離開，創作者便恢復與常人無異的狀態，無法任意進行創造。因此，與其說創作者是藝術品的製造者，不如說創作者是繆思的傳聲筒或翻譯者。

突如其來、不可預期的靈感

古人為什麼認為靈感是源自神靈的賦予呢？這與靈感的特徵有關。因為創作者無法強求靈感在腸枯思竭時適時出現，相反地，它總是以出乎意料、突如其來的方式乍然出現，並帶來渾然天成的精妙表現；並且，靈感的消逝也是不可預期的，它有時僅帶來精彩的片段，而不保證構思的完整與作品的完成。

靈感有待醞釀，但不能期待

自從心理學研究發現人類「無意識」的存在後，人們對靈感有了不同以往的理解。概略地說，「無意識」是一種不輕易被察覺到、卻確實存於人們心中的深層意識，對人的行為表現有著舉足輕重的影響。也因此，現代美學家普遍認為，靈感其實源自於人們的無意識，它的乍然出現並非毫無來由，而是潛藏於心靈深處的無意識突然湧現在意識表層所致。

這種說法有助於我們理解藝術創作的現象。一方面，它可解釋為何藝術家常以夢境為靈感來源，甚至有「夢中創作」的現象，因夢境正是人們無意識得以湧現的出口；另一方面，它也可說明為何有些藝術家飲酒後特別能激發靈感，因為在迷醉狀態中，平日受到壓抑的無意識更有浮現的機會。總而言之，正如朱光潛所說，「靈感是潛意識中的工作在意識中的收穫」，只不過人們無法察覺、決定它何時出現。

靈感既然以無意識為基礎，我們便可以說，靈感是需要醞釀、培養的。這道理早在千年前就已由杜甫提出：「讀書破萬卷，下筆如有神。」只要平日能夠處處留心、細細玩索，慢慢將知識的增長或經驗的體會積累下來，都有助於靈感的醞釀。

古今人們對靈感的認識

古代　靈感是繆思女神的賞賜

創作者是繆思女神的傳聲筒，但作品的誕生不由創作者決定。

⑳原本腸枯思竭的詩人，突然受到繆思女神的眷顧，下筆如有神。

毫無思緒。　　　　　　繆思女神現身。　　　　　　文思泉湧。

現代　靈感是無意識的湧現

平日潛藏在無意識內的意念，突如其來的反映在夢境中或湧現在意識領域內，而成為創作的靈感。

⑳藝術家從夢境獲得靈感，表現為藝術創作。

生活節奏緊湊。　　　　夢中有奇妙想像。　　　　化為創作。

藝術創作過程
藝術品的孕育、誕生與再創造

每件藝術品的誕生,從萌芽於創作者心靈,到最後具體形象的完成,都經歷了漫長的過程,這一切的開端源自創作者平日的積蓄與培養。而緊接而來的藝術欣賞,也繼續推進藝術「再創造」的路程。

平日的培養、積累

雖然有些藝術傑作的確是創作者不加思索、一揮而就的,但嚴格說來,藝術的創作最早應孕育自創作者平日的培養。劉勰在《文心雕龍》中便指出作者平日應累積學識、鍛鍊思考、廣泛閱讀、琢磨技巧,才有足夠的能力就外在事物或其內心感受進行適切的藝術創作。

舉例來說,才高八斗的曹植七步便能成詩,書法草聖張旭一揮筆就寫出氣韻生動的〈肚痛帖〉,他們的才氣縱橫著實令人驚豔;但是,若非他們平日便具備一定的創作能力,又豈能在緊要關頭時發揮驚人表現,或隨興所至地展現神來之筆呢?

創作階段由觸發、構思到呈現

當創作者具備了一定感受和技巧,也就等於做好準備,可以進入針對個別對象、主題進行藝術創作的階段。清代著名畫家鄭板橋曾以「眼中竹」、「胸中竹」、「手中竹」說明作畫的歷程,清楚揭示了藝術創作過程中從觸發、構思,再到呈現的三個階段。

首先,創作者通常有著敏銳的觀察力和善感的心靈,特別能察覺到美的事物的存在,並受到觸發而引起創作的動機。接著,無論觸發的動機是源自外在世界或內在感悟,當創作者對某一對象傾注全副心力時,他不僅要進行有創造性的心靈想像活動,還要對主題、材料、形式等因素進行構思,甚至有時必須蒐集相關資料、繪製草圖。最後,再運用技巧,將構思內容具體落實為有物質形式的藝術品,才能算是大功告成。

藝術欣賞也是種「再創造」

有時候,完成的藝術品並不見得能讓創作者感到滿意,這是因為在創作過程中,或受制於材料本身的有限性,或受限於技藝未臻純熟,又或者是在創作活動中的幾經取捨、擺盪而終致失去平衡。但無論如何,一旦藝術品從創作者腦中的構想轉化為具體的物質形象後,創作過程便暫告一段落。不過,藝術品一旦誕生,更意味著從此以後,將由欣賞者、評論者接續創作者的棒子,繼續對藝術品的意義進行「再創造」,甚至可能掘發出創作者未曾察覺的價值。

藝術創作的過程

醞釀階段

創作者平日需要培養自己的審美感受和藝術能力。

⑩作者平日應要涵養情感、累積學識、鍛鍊思考、琢磨技巧，才有足夠能力對外在事物或內心感受進行適切的藝術創作。

創作階段

具備一定創作能力的創作者，在每次投入創作過程中，都會經過「觸發→構思→呈現」的階段，才能表現出藝術主題。

⑩清代名畫家鄭板橋指出作畫需經歷「眼中竹」、「胸中竹」、「手中竹」三個階段。

觸發

如羅丹說：「美是到處可尋的。對於我們的眼睛，不是缺少美，而是缺少發現。」

構思

進行有創造性的心靈想像活動，思考如何安排主題、材料、形式等因素。

呈現

運用技巧將構思內容具體落實為有物質形式的藝術品。

藝術品誕生

接受階段

欣賞者、評論者繼續對藝術品進行「再創造」，賦予它更多豐富的意義和價值。

⑩古代小說評點家指出創作者本身都未察覺的小說價值。

影響藝術創作的社會因素

社會支持是助力也是阻力

毋須諱言，藝術創造必然需要一定程度的社會支持。當經濟支持、社交人情成為創作時必須思量的社會因素時，藝術家如何在有限的條件中，成功調和各項因素，仍致力於藝術性的追求，便是他進行藝術創作時的重要考驗。

做為社會交流媒介的藝術品

藝術品也是藝術家與社會進行交流的資產。首先，藝術家多半透過藝術創作來謀生，進行方式主要有「贊助」和「貿易」兩種。傳統的贊助是由掌握財富、權勢的皇家、教會、貴族、富商等以雇傭方式供養藝術家，藝術家依據指定條件創作主題明確的藝術品做為回報。隨著經濟發展與中產階級的興起，十六、十七世紀開始出現新興的藝術市場，藝術家可依個人意願先行創作，再將完成的作品交付市場拍賣。

此外，藝術品有時也帶有禮物的性質，藝術家可透過餽贈作品來回應人情社交關係。如中國文人常有詩歌酬答，名聲崇高的書畫家也不時要面對友人、權貴求贈字畫的請託。

社會考量對藝術創作的影響

社會支持有助於藝術創作的興盛。不僅許多著名的藝術家都是贊助的受惠者，贊助和市場貿易也常是藝術活動繁盛的重要推力，如文藝復興的盛況便源自義大利貴族與富商的大力鼎助；而十七世紀荷蘭繪畫的黃金時期也與市場的繁榮密不可分。

儘管如此，社會支持多少也對藝術創作帶來阻力。就贊助來說，藝術家必須滿足贊助者的要求；或者，難免會考量雇主的喜好，如漢代宮廷賦家雖有意勸諫皇帝戒除豪奢的娛樂，但終究寫出「勸百諷一」的作品。再就市場貿易來說，藝術家的創作也往往回應市場需求；如十七世紀的荷蘭畫家大量繪製靜物、風景畫，以滿足消費者「觀看即占有」的購買欲。至於藝術社交的情況，固然反映藝術家的頗具聲望，但倘若求贈請託過多，便難以保證不堪其擾的藝術家仍能用心經營每幅作品。

理想與現實可並行不悖

不過，即便藝術品因社會支持而在主題內容上受到限制，也不必然減損其藝術價值；事實上，許多曠世巨作都是接受贊助而完成的，如米開朗基羅為西斯汀大教堂所繪的〈創世紀〉便是一例，可見理想與現實可並行不悖。相反地，荷蘭畫家林布蘭的佳作〈夜巡〉，正反映出藝術家為了追求藝術性，有時不盡然能滿足消費者的個人欲望的情況。總而言之，注意到各種社會支持對藝術創作的影響，不僅有助於我們了解藝術家實際創作境況及其難處，也讓我們更加珍惜經此過程所誕生的藝術精品。

贊助、貿易、社交對藝術創作的影響

藝術贊助

擁有財富、權勢的皇家、教會、貴族、富商長期供養藝術家,藝術家以藝術創作做為回報。

| 優點 | 為藝術家的生計提供穩定支持,讓他可全心投入藝術創作。 |

| 缺點 | 對藝術創作帶來主題內容、審美喜好等限制,藝術家只能在贊助者允許的有限自由範圍內發揮才能。 |

| 挑戰 | 藝術家必須以滿足贊助者的要求或喜好為基礎考量,同時在創作時仍努力追求藝術性的表現。 |

| 傑作 | 米開朗基羅為西斯汀大教堂所繪的〈創世紀〉,米開朗基羅遵循全以《聖經》典故作畫的要求,繪製出精美生動的壁畫。 |

藝術貿易

有經濟能力的消費者在藝術品市場裡購買或訂製藝術家的個別作品,藝術品成為經濟活動中的商品,也間接促進藝術活動的興盛。

| 優點 | 藝術家為獲得經濟支持必須持續創作;且若獲大眾青睞,收入可望隨著名氣而增長。 |

| 缺點 | 藝術家可能迎合市場潮流而侷限自己的創作主題或風格,也可能為了大量創作而使用輕鬆的技法,捨棄技巧的創新或概念的突破。 |

| 挑戰 | 藝術家得努力在市場、客戶需求與藝術品的完整性間取得平衡。 |

| 傑作 | 儘管訂製者不滿意自己的形象在〈夜巡〉中顯得模糊不清,但畫家林布蘭堅持表現的光影效果,至今令人驚豔。 |

藝術社交

藝術家將藝術品做為禮物、公關品,餽贈給友人或權貴,以回應人際社交的情感支持。

| 優點 | 藝術家可因此傳播或維持名聲。 |

| 缺點 | 求贈字畫的請求可能令藝術家應接不暇,深受其擾,而干擾他對藝術的更高追求。 |

| 挑戰 | 藝術家必須考量與對方的交情、關係,思考如何能既不過度費力而又不自貶身價的送出合宜作品,而不淪於敷衍了事。 |

| 傑作 | 明代才子文徵明常端看心情興致來回應要求贈字畫的請求,而〈關山積雪圖〉便是代表佳作之一。 |

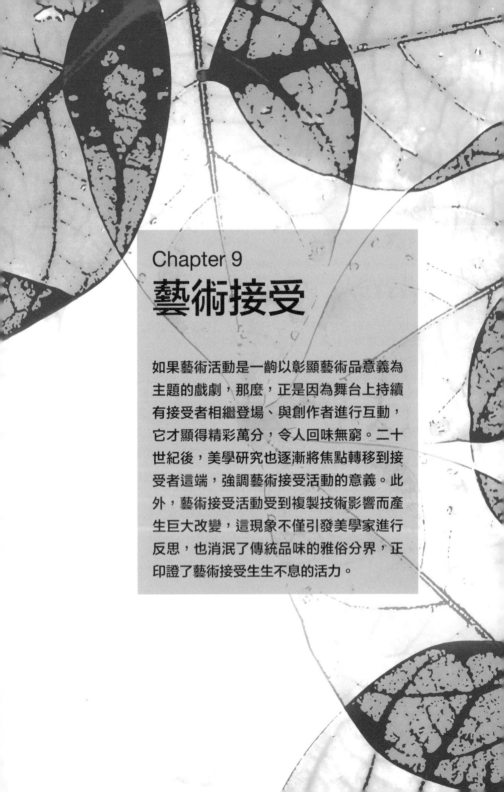

Chapter 9
藝術接受

如果藝術活動是一齣以彰顯藝術品意義為主題的戲劇，那麼，正是因為舞台上持續有接受者相繼登場、與創作者進行互動，它才顯得精彩萬分，令人回味無窮。二十世紀後，美學研究也逐漸將焦點轉移到接受者這端，強調藝術接受活動的意義。此外，藝術接受活動受到複製技術影響而產生巨大改變，這現象不僅引發美學家進行反思，也消泯了傳統品味的雅俗分界，正印證了藝術接受生生不息的活力。

學習重點

✔ 二十世紀以文學為主的美學發展有什麼重大的轉向?由哪些學派接續完成?

✔ 文本的「開放性」指的是什麼?

✔ 接受美學的代表學者是誰?他們的學說主張有何差異?

✔ 「藝術接受」有哪幾種主要類型?

✔ 班雅明為什麼認為機械複製技術導致藝術品的「靈光」消逝?

✔ 阿多諾等人所提出的「文化工業」是什麼?

✔ 藝術可依據接受者身分分成哪幾類?其主要特色、內容分別是什麼?

✔ 如何對藝術的「雅俗之分」重新進行省思?

藝術創造與接受

藝術有賴創作者和接受者的互動

在整體藝術活動中，藝術接受的重要性絕不亞於藝術創作；藝術品的意義與價值有賴於創作與接受雙方持續不斷的對話與交流才獲得發展。可以說，藝術品雖是經創作者之手而獲得生命，但欣賞者才是使其生命得以生生不息、歷久彌新的守護者。

從托爾斯泰的「傳達論」談起

托爾斯泰在一八九八年的〈藝術是什麼？〉中提出著名的「藝術傳達論」，指出藝術是創作者透過文字、動作、線條、顏色、聲音等各種形式，有意識地將自身情感傳達給欣賞者，使欣賞者也能感受到相同情感的一種活動。

托爾斯泰恰好與時代相近的克羅齊呈現出相背的藝術觀點。克羅齊認為藝術活動僅限於個人內在心靈活動的表現；而托爾斯泰眼中的藝術活動，則是從個人向外擴展至群體，以具有物質形式的藝術品為媒介，試圖與眾人產生情感的連結。

藝術創作與接受不可偏廢

雖然嚴格說來，托爾斯泰的「傳達論」仍是從創作者的立場出發；但值得注意的是，托爾斯泰在討論創作者的情感時，以「傳達」的概念取代了「表現」，也就是注意到創作者的情感不僅是自顧自地表現出來即可，還需要「傳達」給欣賞者。他的主張正式揭示了欣賞者在藝術活動中不容輕忽的存在。畢竟，一部小說若沒有人閱讀，一首樂曲若沒有人聆聽，一幅畫作若沒有人觀賞，它們或許就只

能蒙塵，而無法煥發光彩。

有時，創作者甚至在創作的當下就期待著接受者的出現，如司馬遷作《史記》時帶著「藏諸名山，傳之其人」的心願，希望自己的作品能流傳給日後志趣相近的讀者來欣賞；書聖王羲之在〈蘭亭集序〉的文末也抒發感嘆：「後之視今，亦猶今之視昔。……後之覽者，亦將有感於斯文。」他期盼後世讀者在讀了這篇文章後，將能體會到自己撫今追昔的心情。這些說法，都已經為後世的接受者預保留了觀賞席位。

藝術接受是種「再創造」

在藝術接受活動中，接受者往往透過投注個人想像、經驗、情感、認知，對藝術品進行「再創造」。所謂「作者之用心未必然，讀者之用心未必不然」，不同時空背景的接受者可能從同一藝術品中探掘出創作者未曾察覺的豐富樣貌，使它擁有更多元的精神內涵。甚至，藝術接受往往成為之後藝術創作的養分，也就是欣賞者以藝術欣賞的「再創造」為基礎，成為創作者，創造出新的藝術作品。

藝術品需由創作者和接受者共同完成

創作者

賦予藝術品生命。

例 曹雪芹是《紅樓夢》作者。

創作 →

藝術品

經創作者賦予生命而誕生。

例 《紅樓夢》的問世。

傳達 →

接受者

接受藝術品所傳達的訊息，延續其生命。

例 閱讀《紅樓夢》的讀者。

接受

依藝術品的形式、內容，接受所傳達的訊息。

人物形象

● 寫寶玉：「面若中秋之月，色如春曉之花，鬢若刀裁，眉如墨畫，面如桃瓣，目若秋波。」

● 寫黛玉：「兩彎似蹙非蹙罥煙眉，一雙似喜非喜含情目。態生兩靨之愁，嬌襲一身之病。淚光點點，嬌喘微微。」

精神內涵

● 「開闢鴻蒙，誰為情種？都只為風月情濃。趁著這奈何天、傷懷日、寂寥時，試遣愚衷。因此上演出這懷金悼玉的《紅樓夢》。」

● 「欲知命短問前生，老來富貴也真僥倖。看破的遁入空門，癡迷的枉送了性命。好一似食盡鳥投林，落了片白茫茫大地真乾淨！」

再創造

接受活動雖受到藝術品一定程度的制約，但仍有可各自發揮的想像空間，可能探掘出創作者未曾察覺的豐富精神內涵。

人物形象

欣賞者各自憑想像力創造出寶玉、黛玉的不同形象。

精神內涵

欣賞者各自讀出對自由戀愛的禮讚，對人事興衰的感慨，甚至是對傳統禮俗與貴族階級的批判，各有不同理解。

再次進行創作

藝術接受往往成為藝術創作的養分，在「再創造」的基礎下，藝術欣賞者重新詮釋藝術品，並表現成另一種新的藝術創作，成為創作者。

後人根據《紅樓夢》寫出《續紅樓夢》、《新石頭記》等續書，或是用各種表演方式重新改編、詮釋，如各種有關《紅樓夢》的舞作、電影、電視劇、舞台劇。

藝術接受①：新批評和現象學美學

斬斷藝術家與藝術品之間的臍帶

相對於傳統透過藝術品進行歷史、作家研究，二十世紀起接連有「新批評」、「現象學美學」等學者主張「回歸作品本身」，他們的主張斬斷了藝術家和藝術品的連繫，反映出美學思考對「藝術品」本身的重視，更甚於藝術創作。

新批評提倡文本細讀

二十世紀前的傳統文學研究多著重於作品如何反應社會現實、傳達作者情感或思想。但這種偏向探求外在因素，將作品當成反映社會現象、傳達作者意圖的媒介的傳統研究方式，在二十世紀初受到英美「新批評」（New criticism）學派的質疑與挑戰。新批評學者主張文學研究應該從傳統的外部研究回歸到文本的內部研究，如艾略特主張將焦點從作家轉向作品本身；理查茲則強調對語言本身的注意。其後還有蘭色姆、燕卜遜和韋勒克等著名學者為代表，使新批評的發展橫跨二〇到五〇年代。

新批評學者們肯定作品本身就是獨立自足的有機整體，提倡對作品本身的重視，強調以「細讀」（close reading）為基礎，透過仔細了解每個字義、理解上下文語境、掌握修辭，對作品進行細膩的分析和解釋。儘管六〇年代後新批評式微，但他們提倡以文學作品本身為重的批評態度影響深遠，至今已成為普遍的共識。

現象學美學研究作品的結構

另一種強調作品本身意義的文學研究主張是「現象學美學」（phenomenological aesthetics）。簡單地說，現象學的創始人胡塞爾認為，一切事物都是「意向性客體」，也就是呈現在人們意識中的現象；為了掌握事物的本質，必須透過描述意識中的現象來「還原」事物本身，並且「懸置」事物是否真的存在這件事。而受教於胡塞爾門下的波蘭學者英加登，則將現象學這種主張「回到事物本身」、對存在背景「存而不論」的研究方法運用到文藝美學上。

英加登認為文學作品是因為人們的意識活動而存在的「意向性客體」，應當回到作品本身進行研究。因此，他反對將作品當是作家心理經驗的反應而加以解讀的研究方式；他在一九三一年出版的《文學的藝術作品》中更專注研究作品本身的基本結構，指出文學作品是由各種不同層次組成的、具有「複調和諧」特質的統一整體。英加登也強調，在作品的層次結構中必然存在著「空白」（blank），也就是意義不確定之處，這些空白必須經由讀者的想像加以「具體化」，以充實作品的內涵與意義。他的說法不僅以作品本身為重，更指出讀者和作品之間必然存在的聯繫，成為後來「接受美學」的基礎。

文學作品研究方式的轉向

Before ▶ **外部研究方式**

認為藝術品反映了社會的樣貌、表現了作者的情意,因此傳統的研究方式多是對藝術品進行相關歷史研究和傳記研究。

方式① **傳記研究**	將藝術品當成是研究作者生平經歷、思想主張的途徑。	⑩將藝術品當成是研究作者生平經歷、思想主張的途徑。
方式② **歷史研究**	將藝術品當成是認識創作與流傳過程中各種歷史、社會、經濟背景的途徑。	⑩《金瓶梅》反映了當時什麼樣的社會面貌?它幾次被改寫、再版和當時的閱讀風尚有何關聯?

20 世紀

After ▶ **內部研究方式**

認為藝術品有獨立自足的地位,本身就有值得被看重的意義和價值,不是人物或歷史的附屬品。

方式① **新批評**	將藝術品當成是獨立自足的有機整體,主張「細讀」文本,注重「隱喻」、「反諷」等技巧,詳加探究它本身的「文學性」。	⑩《金瓶梅》運用了什麼技巧來呈現眾多人物形象,讓他們彼此同中有異?數次描寫各種節慶活動,形成什麼樣的效果?
方式② **現象學美學**	將藝術品當成是由各種結構層次組成的和諧整體。主張研究作品本身的結構,並認為結構中必然有等待讀者填補意義的空白處。	⑩《金瓶梅》中呈現哪些結構?人物的價值觀各有什麼不同?如何構成和諧的整體?

藝術接受②：符號學
向欣賞者開放的藝術品

在提倡「藝術品獨立於創作者，並向欣賞者開放」的觀念上，符號學者可謂居功厥偉。其中以安伯托．艾可和羅蘭．巴特為代表，他們強烈地主張作品的開放、甚至直言「作者已死」，使作品猶如一堆有豐富意義的符號，等待讀者詮釋。

開放的作品

義大利符號學者安伯托．艾可在他一九六二年出版的代表作《開放的作品》中從「作品和欣賞者之間的關係結構」立論，認為凡是藝術品都具有「開放性」。即使藝術品的形式組織都已完成，但在它複雜的結構中仍然具有不確定性，使欣賞者可以在閱讀時一再進行多變的詮釋，引發千百種共鳴，而作品本身也因此顯現出豐沛旺盛的生命力。

艾可也指出，藝術品的「開放性」是與時俱進的，自象徵主義從十九世紀後半葉逐漸興盛以來，愈來愈多的創作者有意選擇了能夠達到最大程度「開放性」的方式來進行創作，如喬伊斯的《尤里西斯》便是典型的範例。這本被譽為現代經典的小說採用意識流的寫法，細膩地呈現出人物的各種行動與內心狀態；再加上敘事人稱的交替，語言形式的創新，並巧妙地運用典故，開展出豐富的人類生命狀態與精神面貌，讓讀者有多重解讀空間。

可讀性文本vs.可寫性文本

法國符號學者羅蘭．巴特於一九六八年發表了著名的〈作者已死〉，指出：作品一旦完成，作者便失去壟斷其意義詮釋的權力；相對地，作者的死亡也就意味著，作品的意義交由讀者們相繼闡發。

之後，巴特更逐步發展出一套有關於「文本」概念的理論。他在一九七〇年的《S／Z》中區別出兩種文本型態，指出「可讀性文本」是以寫實見長、意義明確的古典文本，讀者只能被動地接受其內容；而「可寫性文本」則是保持歧異、多元的現代文本，讀者能夠積極地創作、生產其意義。兩者相較，巴特更加欣賞的是「可寫性文本」。

在隔年的〈從作品到文本〉中，巴特更以「作品」（work）和「文本」（text）這組對立概念，取代之前關於「可讀性」和「可寫性」的說法。簡單來說，巴特認為「作品」是占據實際空間的單一物件，是作者的派生物，讀者只能對它進行消費；「文本」則是存在於語言實踐活動中的開放場域，它邀請讀者在其中生產各種意義，讀者也能在閱讀中獲得參與創作的喜悅。總而言之，巴特的論述幾經演進發展，但不管詞彙如何變化，他所推崇、欣賞的始終是讀者能主動參與意義創作的「文本」。

符號學者重視向讀者開放的作品

安伯托・艾可　提出「開放的作品」說

- 所有的作品都有開放性。
- 文學作品的形式組織雖然已經在創作者手中完成，但欣賞者仍然可以用千百種方式來欣賞和解釋它，引發各種共鳴。

例 艾可形容小說《尤里西斯》就像是一座立體的城市，可讓讀者像遊覽城市般從任何一方進入，而且可以一再進去遊覽。

> Q：《尤里西斯》是什麼樣的作品？
>
> A：作者 愛爾蘭作家喬伊斯（James Joyce）。
>
> 　　內容 以一對中年夫妻和一名青年為主要人物，描寫他們三人一天內從早晨8點到午夜共18個小時的日常生活。
>
> 　　結構 分為18章，一章寫1小時的生活。和荷馬史詩《奧德賽》主角的10年的遊盪經歷相呼應。
>
> 　　技巧 ● 採用跳躍、不連貫的意識流寫法，細膩描述人物內心意識活動，並且可不受時空、邏輯限制，將人物過去的生命經歷和精神樣態透過綿延不斷的意識流動呈現出來，開展出豐富的人類生命狀態與精神面貌。
> 　　　　 ● 巧妙運用典故，與經典作品（如荷馬史詩《奧德賽》、莎士比亞悲劇）形成對話空間。
> 　　　　 ● 敘事人稱的交替，語言形式的創新（如不加標點），也都增加了作品的開放性。

羅蘭・巴特　文本理論的發展

- 主張「作者已死」，認為作者無權壟斷藝術品意義的詮釋。
- 認為比起傳統由創作者派生出的「作品」，更強調「文本」是需要讀者參與意義詮釋的開放場域。

例 意象豐富、涵義多元的詩歌不是由詩人所寫成的「作品」，而是同時讓讀者參與其意義詮釋的「文本」。

讀者只是消費者，被動接受作品內容。

讀者能成為創作者，積極生產其意義。

藝術接受③：接受美學

作品的空白有待接受者來填補

二十世紀的美學發展，呈現出從創作者到藝術品，再從藝術品到接受者的重大轉向，過程中歷經新批評、現象學美學、符號學等學說相繼接棒，最後終於交棒給「接受美學」（reception aesthetics），正式宣告以欣賞者為重心的美學思潮來臨。

接受美學學派的成立

接受美學學派以姚斯和伊瑟為代表學者，因兩人都任教於康斯坦茲大學，所以他們又被稱為「康斯坦茲學派」。姚斯在一九六七年的任職演說稿〈文學史作為文學研究的挑戰〉中，首度提出「讀者接受理論」（reception theory），做為他對文學研究發展的回應，這份演說稿也被人視為是康斯坦茲學派的成立宣言。姚斯和伊瑟都以「讀者」為理論重心，但兩人的學說養分來源不同，各自以「詮釋學」（hermeneutics）和「現象學美學」為支持。

「預期視域」的變化

「詮釋學」形成的背景源自於人們對《聖經》的詮釋各異，在一八一九年德國新教牧師施萊爾馬赫提出「詮釋學循環」的理論基礎後正式成立，最具代表性的學者是海德格。而真正啟發接受美學的詮釋學者是高達美，他延續施萊爾馬赫和海德格的觀點，認為一切詮釋都是現在的闡釋者和過去的被闡釋者之間的「對話」，詮釋者進行詮釋時必然帶著各自的「理解視域」（horizon of understanding），而形成「詮釋」的歷史差異；不過，在詮釋行為中，詮釋者和被詮釋者的理解視域相互交會融合，從而產生新的理解視域，使詮釋得以不斷延續。

姚斯吸收了高達美提出的「視域」概念，指出讀者在閱讀之前便存有由歷史情境、文化風尚、審美趣向與作品以往評價等因素形成的先行理解結構，也就是「預期視域」（horizon of expectations）；而在每次的閱讀活動中，接受者都帶著不同的「預期視域」對作品做出新的理解。因此，在姚斯看來，一部文學作品就像是一部管弦樂譜，在讀者的演奏中，不斷獲得新的詮釋和反響，使原本只是樂譜上固定音符的樂曲有了不同的生命。

姚斯也指出，讀者不僅以既有的「預期視域」進行閱讀，產生不同的評價；同時，讀者的「預期視域」也會在閱讀過程中進行調整、補充、修正。姚斯曾舉福樓拜的《包法利夫人》為例，這部小說一開始問世時評價極差，他認為這是因為讀者受限於既有的「預期視域」，一時間難以接受創新的作品；然而，作品慢慢改變了讀者的「預期視域」，讀者開始重新認識作品的價值，而逐漸推崇它是

「預期視域」和「作品」的交流

讀者帶著「預期視域」

在閱讀前，就預先在心中存著一套由歷史情境、文化風尚、審美趨向與作品傳統評價等因素形成的理解結構。

作品本身有藝術特徵

文學作品本身有特殊的結構、形式、技巧或主題。

一部文學作品的歷史生命總是有待接受者的積極參與。

● 以福樓拜《包法利夫人》為例：

讀者既有的「預期視域」以道德觀念、社會風俗共識為主，批評違反道德及善良風俗，是驚世駭俗的淫穢作品。

《包法利夫人》敘事方式有「非個人化敘述」的創新，放棄了傳統的第一人稱敘述，而不帶感情地以第三人稱進行客觀描述。這樣具突破性的敘述方式，逐漸被讀者重視。

讀者不再以道德評價為唯一判準，開始注意到小說的藝術性表達，有了不同以往的「預期視域」。因此肯定《包法利夫人》對人性的描寫細膩，稱為傑作。

《包法利夫人》不僅以寫實的方式描寫人物的生活環境；還描繪許多事物細節來刻畫人物性格和形象；精練的語言，生動呈現各種人物的社會階層。這些精湛的小說技巧，都改變讀者了的「預期視域」。

讀者的「預期視域」因納入對小說藝術的考量而產生變化，開始從精緻的人物描述來思考人物性格的形成原因。

持續產生新意義的《包法利夫人》

曠世傑作。總而言之，文學作品的接受過程就是讀者與作品持續進行「交流」的過程，也是「預期視域」不斷改變、修正與重建的過程。

文本以「空白」召喚讀者參與

另一位接受美學的代表學者伊瑟，則在一九七八年的《閱讀活動：美學回應理論》中以「文本─讀者」雙向結構的互動來解釋「文學作品」。他認為「文學作品」不等位於「藝術極」一端的文本本身，也不等同位於和「審美極」一段的讀者閱讀活動，而是居於兩極之間、具有能動性的「虛在」。

應說明的是，在此雙向結構中，伊瑟雖然將「文本」視為作者的創作結果，但深受現象學美學影響的他更將重點放在「文本」本身。他繼承了英加登認為文本結構中必然包含許多「空白」和不確定處的說法，並更加強調這種「空白」是文本的基礎結構，對讀者有「召喚性」，文本正是以此「召喚結構」來邀請讀者積極填補其「空白」。換句話說，沒有文本的空白，讀者也就無從發揮想像，參與本文意義的創造。

預設「隱含讀者」的存在

「隱含讀者」（implied reader）是伊瑟另一個重要的概念。和實際讀者不同，「隱含讀者」是虛構的存在；並且，也不同於一般創作者在創作過程中預設某種能完全和自己產生情感、思想共鳴的「理想讀者」。伊瑟強調，「隱含讀者」是由文本為自己設置的一種讀者模型，是存在於本文結構之中的一種潛在結構，他具備了一切使文學作品產生效果的情感；而「理想讀者」只是作者預設為他而寫，以提供自己寫作動機或滿足自己心靈寄託的投射對象。相較之下，「隱含讀者」的概念比「理想讀者」更彰顯出文本和讀者之間的交流作用，而無關於作者的意念。在伊瑟提出「隱含讀者」的概念後，更引起八〇年代的學者相繼建構各種讀者模型的風潮。

宣示讀者世代的到來

不難發現，姚斯和伊瑟兩人的主張各有偏重，這也反映他們學術養分的差異。受詮釋學啟發的姚斯，偏重於思考文學作品在每個歷史階段中如何因「讀者」的「接受」而呈現出不同的面貌和評價，並因此主張提出新的文學史論述。伊瑟則受現象學影響，偏向關注於「文本」本身發揮的「效用」，也就是文本的「空白」和「隱含讀者」如何在讀者的閱讀過程中產生作用並帶來後續發展。

整體而言，接受美學是對新批評和形式主義的一種反省，他們強調作品不是獨立存在的客體，不具備永恆不變的本質，並透過對「文本─讀者」雙向互動結構的強化，同時標舉文本的開放性和讀者的不可或缺性，正式宣告讀者世代的到來。

接受美學對真正的文學作品的認識

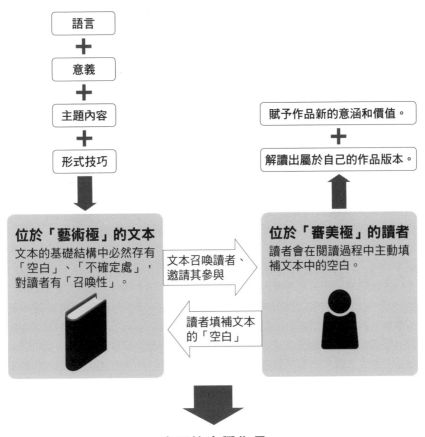

語言
+
意義
+
主題內容
+
形式技巧

賦予作品新的意涵和價值。
+
解讀出屬於自己的作品版本。

位於「藝術極」的文本
文本的基礎結構中必然存有「空白」、「不確定處」，對讀者有「召喚性」。

文本召喚讀者、邀請其參與

讀者填補文本的「空白」

位於「審美極」的讀者
讀者會在閱讀過程中主動填補文本中的空白。

真正的文學作品
是居於文本和讀者之間，可隨著雙方互動而持續產生意義的虛擬性存在。
⑩《三國演義》人物的形象如何？彼此關係、情誼如何？

文本 ≠   ≠讀者的想像

贊助收藏、市場消費與藝術評論

藝術接受不僅有關欣賞者的審美經驗，還包括藝術的消費方式與評論活動。藝術接受方式的演變，與藝術接受人數的增加與接受程度的普及息息相關，在這過程中也可看見藝術仲介者的運作與影響。

由贊助收藏到市場消費

直到中世紀，人們多因社會地位的差異而以不同方式接受藝術活動：皇室、貴族、教會等握有大量資產者可以透過進行長期贊助享受藝術活動，私人收藏；廣大平民則主要透過宗教活動來欣賞繪畫、音樂或戲劇。

自從文藝復興開始，藝術接受者的社會階級開始擴大。隨著經濟繁榮，不僅有富商躋身贊助者之列，更重要的是，造就一群具有相當經濟能力的資產階級，而加速藝術市場的蓬勃發展。戲劇也轉型成提供娛樂的專業劇團，經營起收票觀賞的劇場。透過消費這樣的新興接受方式，使藝術活動的參與人數和市場規模都有空前發展。

經銷、拍賣與展覽等藝術仲介

市場的形成固然反映人們藝術消費能力與興趣的增加，但也拉開藝術家和接受者的距離：藝術家面對的不再是相識的少數贊助者，而是陌生的消費大眾。這意味著市場運作需要更精細的分工，而身肩藝術仲介任務的藝術商人，其任務便是將做為商品的藝術品從藝術家手上轉介到廣大消費者手中；相關的藝術拍賣活動也在十七、十八世紀開始走向制度化發展。

博物館等藝術展覽則是藝術仲介的另一形式。隨著民主思想的興起，歐洲於十八世紀下半葉起出現開放公眾入內參觀的國家博物館，如大英博物館、羅浮宮等都是代表，這也有助於推動大眾參與藝術欣賞活動。

藝術評論的作用

此外，藝術評論（art criticism）也是重要的藝術接受形式之一。和一般的藝術欣賞活動相較，藝術評論不僅出於直覺喜好，還須分析藝術品的風格，解釋其意義，並給予評價。相對於古代藝術評論多出自學者哲人之手，偏向學術研究；十六、十七世紀以來隨著藝術學院的成立、藝術展覽的評選、及貴族沙龍集會的交流，藝術評論則漸展現出對公眾領域即時且普遍的影響力，甚至隨著報紙、雜誌、出版社等傳播仲介機制的興立，也出現了專職的藝評家。

藝評家的評論既可提供藝術家做為調整其創作方針的參考；也可成為大眾的參考指標，甚至可帶動審美風潮、左右消費市場。如此看來，藝評家也是不可或缺的藝術中介者，因為他具有調解藝術創作與接受雙方互動的影響力。

藝術主要接受對象的演變

文藝復興之前

傳統的藝術接受活動主要因社會階級而有所差異，接受的類型和看法都不相同。

少數貴族階級
- 衣食無虞，有充裕的時間、金錢，大量、長期地接觸藝術。
- 常依個別需求、喜好進行藝術贊助，或收藏藝術創作。
- 往往視藝術鑑賞能力為應具備的教養；但不鼓勵成為藝術家，認為有失身分。

廣大平民階級
- 忙於維生，少有多餘的心力接觸藝術。
- 多透過慶典或宗教活動接觸相關主題的藝術創作。
- 往往視藝術創作為一種謀生技能，畫家、雕刻家和陶匠同樣都是工匠。

文藝復興以來

因經濟活動的繁榮，使富商與新興的資產階級踴躍參與藝術活動，市場消費也逐漸取代傳統贊助，成為主要接受方式。

貴族階級
依個別需求、喜好進行藝術贊助，而促成藝術創作並收藏大量藝術品。

資產階級
可以根據自身的經濟能力，參與市場消費，或者是購買少數畫作做居家裝飾，或者是購票進入劇場觀戲。

平民階級
除了傳統慶典或宗教活動接觸相關的藝術創作外，也可透過免費的博物館展覽欣賞藝術品。

> 范伯倫《有閒階級論》指出，藝術品收藏有時是種「炫耀性消費」，有展示消費者財富、地位的意味。

藝術接受因科技而改變
複製、傳播技術對藝術接受的影響

藝術傳播方式是藝術接受活動中的重要一環，尤其十九、二十世紀後突飛猛進的複製與傳播技術全然改變了人們接受藝術的方式和途徑。這樣革命性的轉變也引起了班雅明、阿多諾等法蘭克福學派學者的深刻思考。

科技技術影響了藝術接受

回顧歷史，隨著科技發展推陳出新的傳播方式，對藝術傳達給誰、如何傳達、形成什麼樣的效果等息息相關。如十五世紀以來隨活字印刷而蓬勃發展的報紙、雜誌、出版等產業，促進藝文訊息和評論的頻繁交流，對大眾小說的興盛也起著推波助瀾的效用。自十九世紀中葉後，攝影、電子、衛星等科技更是日新月異，到了二十世紀，廣播、電影、電視等媒介已經展現遍及全球的影響力，人們接受藝術的方式也出現了空前的轉變。

藝術品因複製而失去「靈光」

其中，最大的轉變莫過於改變藝術製造方式。傳統的每件藝術品都需經手工製作，即使手工複製，在數量和傳布範圍上也相當有限。而十九世紀誕生了劃世紀的照相攝影技術，使藝術品可以透過機械被大量複製，對藝術帶來空前的影響。

對此，班雅明在一九三六年完成的〈機械複製時代的藝術作品〉中提出發人深省的見解。班雅明指出，藝術活動最早源自於巫術或宗教儀式，藝術品具有「儀式價值」（cult value），總是和欣賞者保持一定的空間距離；而藝術品也因為它的獨一無二的「本真性」（authenticity）而閃現著「靈光」（aura）。換句話說，「靈光」就是環繞在藝術品真品周遭的特殊氛圍，它顯現出藝術品的獨一無二性。而十九世紀以來的機械複製技術則將藝術品從它對「儀式」的依賴關係中解放出來，經過機械複製而大量出現的藝術品因此失去了獨一無二的「靈光」；但也擺脫了只能出現在單一時空的侷限，藝術品轉而具有「展覽價值」（exhibition value），可以透過各種媒介形式隨時隨地供人欣賞。也因此，藝術品對現代大眾而言變得更易接近，不再是難以觸及之物。

的確，現代社會中人人都是藝術複製技術的受惠者。即使我們不購買複製的藝術品，也能透過帶有複製性質的傳播媒介（如廣播、電視、網路）免費進行藝術欣賞。甚至，有時我們還可從複製品中發現即使面對真品時也難以察覺的細節，如透過數位元典藏等方式，甚至可以多角度的呈現藝術品面貌，穿越時空限制欣賞藝術品，永續保存藝術之美。

文化工業中藝術品的商業化

在班雅明之後，阿多諾與霍克

藝術品的儀式價值和展覽價值

傳統藝術品有儀式價值

- 人類的藝術活動源自於宗教儀式，所以傳統藝術品並非人人都可接近，而是和人保持一定距離的。
- 藝術品真品具有獨一無二的「本真性」，閃現著朦朧的「靈光」。

例 波提切利的《維納斯的誕生》真跡只保存在義大利的烏菲茲美術館。

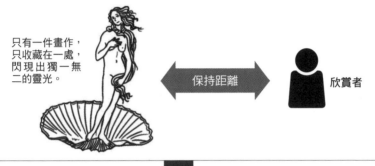

只有一件畫作，只收藏在一處，閃現出獨一無二的靈光。

保持距離

欣賞者

機械複製技術出現

今日藝術品有展覽價值

- 機械複製技術使藝術品可以被輕易複製，不受限於時空，拉近了和人的距離，隨時隨地都可供人展覽。
- 藝術品失去了獨一無二的「本真性」，原本朦朧的「靈光」消失了。

例 《維納斯的誕生》的複製品隨處可見。

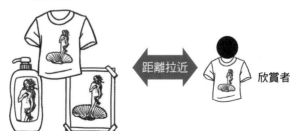

畫作透過複製技術，隨時隨地都可展示在人們面前，失去了獨一無二的靈光。

距離拉近

欣賞者

海默也於一九四七年兩人合著的《啟蒙的辯證》中提出「文化工業」的概念。「文化工業」是一種有計劃性地大量生產文化商品的工業，也就是透過印刷、廣播、電視、電影等複製、傳播技術，如工業生產商品般將藝術品商業化，目的是為了刺激大眾消費，以獲取利潤。也因此，「文化工業」所生產的文化商品雖然具有藝術品的樣貌，但它們首先是出於利益考量而被製造出來的，而且人們多依市場價值來判斷它們的優劣。

阿多諾他們對「文化工業」及其商品報以批判的態度，認為「文化工業」的大規模生產並不是為了滿足人們真正的需求，而是先行製造出假性的需要。這些文化商品，如肥皂劇、流行音樂、喜劇電影、漫畫、卡通等，內容往往乏善可陳，人物角色性格平板、善惡分明，情節安排、表現方式也淪於公式化。而大眾總是被動地接受其淺俗的內容，因此導致感知、想像能力的萎縮。

對複製技術的樂觀vs.悲觀

儘管同為法蘭克福學派的一分子，對現代文化現象有相近的批判，但班雅明和阿多諾等人對複製技術卻有截然不同的見解。

班雅明樂觀地認為，攝影技術和電影的出現代表了「藝術的民主化」，「靈光」的消失意味著藝術不再像傳統那樣僅限於少數特權和菁英階層，而是讓藝術轉而面向大眾，讓更廣大的民眾能夠參與藝術，因此蘊含巨大的革命潛能。並且，他認為電影可以透過特寫、慢動作、蒙太奇等各種技術，來刺激觀眾既有的感官模式，也認為喜劇電影、卡通等藝術活動有適度宣洩大眾情緒的效用。

相反地，阿多諾等人則憂心忡忡地指出，運用複製技術以消費市場取向為主的「文化工業」，完全是資本主義的產物。在文化工業的模式下，大量複製的文化商品操控了大眾娛樂需求和審美價值，只會帶來更多的負面影響：不僅加速了資本主義對人的「物化」，取消了每個個體的特殊性；甚至導致接受大眾們想像力與注意力的萎縮。

更發人深省的是，阿多諾他們指出，文化工業為人們安排的「休閒娛樂」，其實不過是「工作的延長」，因為文化商品和工作同樣都為大眾預先安排了機械化的標準流程；也就是說，大眾即使心不在焉，仍然可以遵從文化工業預先規定的固定模式來做出反應。以欣賞電視劇為例，觀眾並不需要全神貫注地努力參與，也可以了解情節內容，在演員刻意搞笑的橋段大笑。因此，對阿多諾等人來說，文化工業雖然能為大眾帶來娛樂，但這種快樂是不勞而獲的，也不需要進行個人思考，所以這種快樂，實際上也是種「無聊」。

藝術品成為文化商品

商人

以利益考量為出發點，將藝術品當成商品，思考如何從中獲利。

⑩電影拍攝時，投入大量資金，事先找好有名氣的導演、演員，在拍攝過程中持續發布消息，都是為了票房考量。

大量制式化生產　　獲利

文化商品

- 透過印刷、廣播、電視、電影等複製、傳播技術，將藝術品大量生產成商品。
- 內容往往乏善可陳，有固定的套式。如戲劇中人物角色性格平板、善惡分明，情節淪於公式化。
- 文化商品的價值以市場反應為依歸，而非以審美感受為標準。

⑩電影情節大同小異，人物形象設定相似。透過不斷的宣傳預告，大力行銷，刺激票房。包括電影片名的安排，也都有固定的套式。

以媒體刺激、鼓勵消費　　進行消費

大眾

- 大眾往往被動接受文化工業提供的淺俗直接的內容，遵從文化工業預先規定的固定模式來做出反應。
- 導致大眾想像力和注意力的萎縮。

⑩大眾只需要完全遵從文化工業預先規定的固定模式來做出反應，而不被允許有自己的思想。

高雅vs.民間→古典vs.大眾

在漫長的傳統歷史中，藝術可依據接受者的社會階層區分出「高雅藝術」（high art）和「民間藝術」（folk art）兩種藝術類型。高雅藝術的受者是在政治、經濟、文化上取得優勢條件，具有一定藝術素養的上層階級，他們欣賞的是由經過專業訓練的藝術家創作出的藝術類型，如音樂、繪畫、詩歌等。相對而言，民間藝術的欣賞者則是一般平民，他們欣賞的是透過口耳相傳的神話、民謠、山歌或民間故事，和能反映其傳統節慶、宗教文化特色的裝飾藝術，如刺繡、石刻、木雕、陶藝等。

十八世紀以來，隨著工業發展、經濟繁榮、人口增加、教育普及、休閒時間增加等條件，社會上興起一群有閒、有錢又有一定教育程度的資產階級，為了滿足這些群眾的娛樂需求，「大眾藝術」（popular art，又稱為通俗藝術、流行藝術）便應運而生，隨即發展興盛。最初的典型代表是浪漫小說、偵探小說。到了十九、二十世紀，更因為複製、傳播技術的誕生，使大眾藝術更蔚為風潮，成為接受程度最普及的藝術類型。相形之下，以往的高雅藝術仍繼續以上層文化菁英做為主要接受者，只是改稱為「古典藝術」；而民間藝術則逐漸式微，或部分融入大眾藝術中。

品味為什麼有雅俗之分？

上述藝術都是以不同的接受對象區分，顯見不同族群有不同的藝術喜好。但是，帶有區別高雅、通俗意涵的「品味」是怎麼形成的呢？

當代社會學家布迪厄指出，「品味」的形塑是源自接受者的「經濟資本」（如實際財富）和「文化資本」（如教育程度、文化薰陶），而擁有同樣資本條件的人往往有著極為相似的品味。布迪厄也指出，愈是位在上層階級的群眾，愈是有意標榜自我品味的特殊性，想藉此區別出和其他階級的差異，以凸顯自身的與眾不同；因此傳統的「雅俗之分」，主要是由掌握藝術定義權的貴族或菁英階級決定的。而新興的資產階級為了提升自己的社會地位，有時也會認同、模仿上層階級的品味。

藝術性vs.娛樂性

然而，隨著民主意識和資本主義的興起，大眾所挾帶的可觀經濟效益，使得大眾在藝術接受上開始有不

藝術類型的特色與發展

以接受者的階級區分

高雅藝術 high art

- 欣賞者是在文化、政治、經濟上取得權威的上層階級。
- 創作、表演者是訓練有素的藝術家。

例 音樂、繪畫、詩歌。

民間藝術 folk art

- 欣賞者是一般平民。
- 多半也由平民身兼創作、表演者。

例 版畫、刺繡、剪紙、石刻、木雕、陶藝、山歌、民族神話、民俗舞蹈、民間故事、通俗滑稽劇。

古代～中世紀

16、17世紀

荷蘭繪畫市場開始蓬勃發展，逐步醞釀大眾藝術的正式出現。

以接受者的資本區分

演變

古典藝術 classical art

- 欣賞者是有一定藝術素養的文化菁英。

例 古典樂、歌劇、繪畫、詩歌、芭蕾。

大眾藝術 popular art

- 以資產階級為主要欣賞者：具備基本的閱讀能力、有從事休閒活動的閒暇與金錢。

例 偵探小說、言情小說、劇場表演。

新興於18世紀，是至今最普及的藝術。

18世紀

19世紀～至今

隨著現代技術的最新發展，大眾藝術多半可透過機械技術大量複製生產，具有較濃的商業色彩。

例 電影、爵士樂、流行樂、電視劇。

容輕視的發聲權，可以和傳統的上層階級、文化菁英平起平坐。換句話說，如今沒有哪些群體的品味比其他群體的品味更為高雅，也沒有單一群體能壟斷藝術品的價值判斷；欣賞者的欣賞標準雖然各有不同，但同樣享有評論藝術品的權利。也因此，就實際情況而言，藝術接受常常產生評價的爭議。舉例而言，藝術品（尤其是影音藝術）的「叫好」與「叫座」便是常見的爭論。大體而言，「叫好」和藝術性相關，以具專業性的藝評家的意見為主；「叫座」則與娛樂性有關，多交由普羅大眾定奪。

「叫好不叫座」的作品常具有以下特質：其內容豐富，形式獨特，能對既有創作規則靈活運用，甚至改革創新，可經得起時間的考驗，供人們一再欣賞，具有經典性。但相對地，它要求欣賞者具備一定的審美與省思能力，以及相關的藝術涵養，以主動的態度參與意義的理解；而它複雜、深刻的內容、形式有時也成為一種困難的挑戰，因而不易引起大眾的興趣。

至於「叫座不叫好」的作品，多半不要求欣賞者具有一定的審美能力，甚至出發點就是以符合目前大眾既定偏好，滿足其消遣娛樂為主，內容較淺易，形式較簡單，且往往遵循一些公式化的原則；因此可輕易地被理解，受到大眾歡迎，但也可能因此缺少新意、深意與獨特性，顯得藝術性不高。

對取消雅俗界線的反思

不過，我們不能輕率認定「高雅藝術」便叫好不叫座，「大眾藝術」便叫座不叫好；相對地，我們更應反思的是：傳統的雅、俗分界，如今是否還有存在的必要？

一方面，傳播媒介的普及使個人品味不再受限於既定的社會階級，而可能有更多變化。人們可以透過各種傳播媒介接觸各種不同的藝術類型，進而發展出不同於原本家庭教育、社會階級審美標準的品味。另一方面，藝術活動內部也有其生生不息的發展與變化。舉例而言，在同一種藝術領域中，某種具獨特性的創新形式，也可能在一段時間後，便成為普遍被採納的「公式化」形式。不僅如此，各類藝術之間也本有互動、交流的空間。如以古典音樂為主題的漫畫、以畫家生平為內容的電影，甚至是與3D視覺藝術相互搭配的古典樂演出，這些交流也往往擦出令人驚豔的火花。

總而言之，與其依據藝術類型來區別雅俗，並據此斷言優劣；我們更應針對個別藝術作品或現象來思考其藝術性的表現，並且，不要任意看輕帶有娛樂性質的藝術活動。畢竟，如今被視為高雅而不易親近的古典音樂，本是貴族之間的流行樂；而莎士比亞的劇作在被視為經典之前，先是人人津津樂道的賣座表演。如此說來，或許「雅俗共賞」、「叫好又叫座」才是更高的審美理想。

重新省思藝術的雅俗之分

傳統以欣賞者階級身分區分雅俗

以欣賞者社會階級身分來為藝術類型進行區隔，主要由上層階級來決定雅與俗的界線。

雅俗的界線由上層階級決定。

現代因傳播媒介興盛而打破雅俗界線

雅、俗藝術因傳播媒介的興盛而不存在鮮明界線，沒有價值高下的判斷。以叫好又叫座、雅俗共賞為目標。

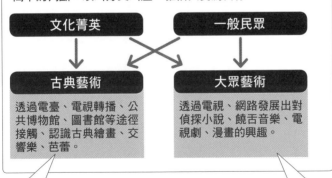

| 文化菁英 | 一般民眾 |

古典藝術	大眾藝術
透過電臺、電視轉播、公共博物館、圖書館等途徑接觸、認識古典繪畫、交響樂、芭蕾。	透過電視、網路發展出對偵探小說、饒舌音樂、電視劇、漫畫的興趣。

古典藝術原帶有通俗流行性
- 如今被視為不易親近的古典音樂，本是貴族間的流行樂。
- 莎士比亞的經典劇作原本是人人津津樂道的賣座劇碼。

大眾藝術也可以成為經典
- 美國六十年代的搖滾歌曲因表現反戰的深刻思想而令人激賞。
- 克里斯蒂的偵探小說、金庸的武俠小說因藝術性高而成為值得一再回味的經典。

西方美學

⊙ 柏拉圖著，朱光潛譯，《柏拉圖文藝談話錄》，台北：網路與書出版，2005.10。

⊙ 亞里斯多德著，劉效鵬譯，《詩學》，台北：五南，2014.06。

⊙ 溫克爾曼，潘襏譯，《希臘美術模仿論》，台北：典藏藝術家庭，2006.11。

⊙ 萊辛著，朱光潛譯，《詩與畫的界限》，台北：駱駝出版社，2002。

⊙ 柏克著，林盛彬譯，《崇高與美之源起》，台北：典藏藝術家庭，2011.12。

⊙ 康德著，鄧曉芒譯，《純粹理性批判》，台北：聯經出版，2004.4。

⊙ 康德著，鄧曉芒譯，《判斷力批判》，台北：聯經出版，2004.4。

⊙ 康德著，何兆武譯，《論優美感和崇高感》，北京：商務印書館，2001.11。

⊙ 席勒著，馮至，范大燦譯，《審美教育書簡》，台北：淑馨出版社，1989.07。

⊙ 黑格爾著，朱孟實譯，《美學》一～四冊，台北：里仁書局，1981 -1983。

⊙ 尼采著，劉崎譯，《悲劇的誕生》，台北：志文出版社，1990.1。

⊙ 丹納著，傅雷譯，《藝術哲學》，台中：好讀出版，2004.4。

⊙ 克羅齊著，田時綱譯，《美學的理論》，北京：中國人民大學出版社，2014.4。

⊙ 克羅齊著，朱光潛等譯，《美學原理美學綱要》，北京：人民文學出版社，1983.11。

⊙ 柯林伍德著，周浩中譯，《藝術哲學大綱》，台北：水牛出版社，1989。

⊙ 阿恩海姆著，郭小平、翟燦譯，《藝術心理學新論》，台北：台灣商務印書館，1997.12。

⊙ 卡西勒著，甘陽譯，《人論：人類文化哲學導引》，台北：桂冠圖書，1997.11。

⊙ 蘇珊 · 朗格著，劉大基等譯，《情感與形式》，台北：商鼎文化出版社，1991.10。

⊙ 蘇珊 · 朗格著，騰守堯譯，《藝術問題》，南京：南京出版社，2006.1。

⊙ 華特 · 班雅明著，許綺玲譯，《迎向靈光消逝的年代》，台北：台灣攝影，1998.1。

⊙ 霍克海默、阿多諾著，林宏濤譯，《啟蒙的辯證》，台北：商周出版，2009.01。

⊙阿多諾著，林宏濤、王華君譯，《美學理論（上冊）》，台北：美學書房，2000.7。

⊙艾布拉姆斯著，酈稚牛等譯，《鏡與燈：浪漫主義文論及批評傳統》，北京：北京大學出版社，2004.01。

⊙羅曼‧英加登著，陳燕谷等譯，《對文學的藝術作品的認識》，台北：商鼎文化出版社，1991.12。

⊙羅蘭‧巴特著，〈從作品到文本〉，收入朱耀偉編譯，《當代西方文學批評理論》，台北：駱駝出版社，1992.4。

⊙安伯托‧艾可著，劉儒庭譯，《開放的作品》，北京：新星出版社，2005.5。

⊙安伯托‧艾可編著，彭淮棟譯，《美的歷史》，台北：聯經出版，2006.5。

⊙安伯托‧艾可編著，彭淮棟譯，《醜的歷史》，台北：聯經出版，2008.11。

⊙鮑桑葵著，張今譯，《美學史》，北京：商務印書館，1985.12。

⊙塔沓爾克維奇（Wladyslaw Tatarkiewicz）著，劉文潭譯，《西洋六大美學理念史》，台北：聯經出版，1989.10。

⊙塔沓爾克維奇（Wladyslaw Tatarkiewicz）著，劉文潭譯，《西洋古代美學》，台北：聯經出版，1981.6。

⊙布洛克（H. Gene Blocker）著，滕守堯譯，《美學新解：現代藝術哲學》，瀋陽：遼寧人民出版社，1987。

⊙阿諾德‧豪澤爾（Arnold Hauser）著，居延安編譯，《藝術社會學》，台北，雅典出版社，1988。

⊙唐山德（Dabney Townsend）著，林逢祺譯，《美學概論》，台北：學富文化公司，2008.9。

⊙辛西亞‧弗瑞蘭（Cynthia A. Freeland）著，劉依綺譯，《別鬧了，這是藝術嗎？》，新店：左岸文化，2002。

⊙曼紐什（Herbert Mainusch）著，古城里譯，《懷疑論美學》，台北：商鼎文化出版社，2000.10。

⊙奧斯丁‧哈靈頓（Austin Harrington）著，周計武、周雪娉譯，《藝術與社會理論：美學中的社會學論爭》，南京：南京大學出版社，2010。

⊙維多利亞‧阿雷克桑德（Victoria D. Alexander）著，張正霖、陳巨擘譯，《藝術社會學：精緻與通俗形式之探索》，台北：巨流圖書，2008.11。

⊙史蒂芬‧貝利（Stephen Bayley）著，郭玢玢譯，《醜：萬物的美學》，台北：典藏藝術家庭，2014.04。

美學通論

⊙朱光潛，《西方美學史》，台北：漢京文化公司，1982

⊙朱立元主編，《西方美學範疇史》，太原：山西教育出版社，2006

⊙宗白華，《美學的散步》，台北：洪範，1981.8。

⊙宗白華，《藝境》，北京：商務印書館，2011.12。

⊙朱光潛，《談美》，台北：萬卷樓圖書公司，1990 。

⊙朱光潛，《文藝心理學》，台北：台灣開明書局，1980。

⊙姚一葦，《詩學箋註》，台北：台灣中華書局，1966。

⊙姚一葦，《藝術的奧秘》，台北：台灣開明書局，1979。

⊙姚一葦，《美的範疇論》，台北：台灣開明書局，1985。

⊙姚一葦，《審美三論》，台北：台灣開明書局，1993。

⊙姚一葦，《藝術批評》，台北：三民書局，1996。

⊙劉文潭，《現代美學》，台北：台灣商務印書館，1967.7。

⊙劉文潭，《藝術品味》，台北：台灣商務印書館，1978.5。

⊙劉文潭，《西洋美學與藝術批評》，台北：環宇出版社，1984 。

⊙劉昌元，《西方美學導論》，台北：聯經出版，1986。

⊙周憲，《美學是什麼》，台北：揚智文化，2002。

⊙葉朗，《現代美學體系》，台北：書林出版，1993。

⊙葉朗，《美學原理》，台北：華滋出版，2014.4。

⊙張法，《美學導論》，台北：五南圖書出版，2004。

⊙張玉能，《席勒美學論稿》，武漢：華中師範大學，2009.6。

⊙彭修銀，《美學範疇論》，台北：文津出版社，1993.6。

⊙林書堯，《圖解美學》，台北：三民書局，1979。

⊙周寧、金元浦，《接受美學與接受理論》，瀋陽：遼寧出版社，1987,9。

⊙楊小濱，《否定的美學——法蘭克福學派的文藝理論和文化批評》，台北：麥田出版，1995。

⊙陳瑞文，《阿多諾美學論：評論、模擬與非同一性》，台北：左岸文化出版，2004。

⊙邱天助，《布爾迪厄文化再製理論》，台北：桂冠圖書，1998。

⊙王才勇，《現代審美哲學——法蘭克福學派美學論述》，台北：書林出版，2000。

⊙夏中義，《朱光潛美學十辨》，北京：商務印書館，2011.09。

⊙趙雅博，《文學藝術心理學》，台北：藝術圖書公司，1976.2。

⊙劉思量，《藝術心理學》，台北：藝術家出版社，1992。

⊙楊恩寰，《審美心理學》，台北：五南圖書出版，1993。

⊙趙天儀，《台灣美學的探求－美感世界的造訪》，台北：富春文化，2006。

⊙劉千美，《藝術與美感》，台北：台灣書店，2000。

⊙劉千美，《差異與實踐》，台北：立緒文化，2001。

⊙龔鵬程編著，《美學在台灣的發展》，嘉義：南華管理學院，1998.8。

⊙漢寶德，《漢寶德談美》，台北：聯經出版，2004。

⊙蔣勳，《美的覺醒：蔣勳和你談眼、耳、鼻、舌、身》，台北：遠流出版公司，2006。

中國美學

⊙葉朗，《中國美學史大綱》，上海：上海人民出版社，2003.6。

⊙王振復主編，《中國美學範疇史》，太原：山西教育出版社，2006.2。

⊙李澤厚，劉綱紀合編，《中國美學史》，台北：谷風出版社，1987.12。

⊙李澤厚，《美的歷程》，台北：三民書局，2012.1。

⊙李澤厚，《華夏美學》，台北：三民書局，1999.4。

⊙李澤厚，《美學四講》，台北：三民書局，1996.9。

⊙李澤厚，《美學論集》，台北：三民書局，1996.9。

⊙徐復觀：《中國藝術精神》，台北：台灣學生書局，2013.12。

⊙王夢鷗，《文藝美學》，台北：里仁書局，2010.8。

⊙余蓮（Francois Jullien）著，卓立譯，《淡之頌：論中國思想與美學》，台北：桂冠圖書，2006.2。

國家圖書館出版品預行編目資料

圖解美學更新版 / 李佩璇著. -- 修訂1版. -- 臺北市：易
博士文化, 城邦事業股份有限公司出版：英屬蓋曼群
島商家庭傳媒股份有限公司城邦分公司發行, 2024.03
　　面；　公分
　　ISBN 978-986-480-362-0(平裝)
　　1.CST: 美學
　　180　　　　　　　　　　　　　　　　113002719

Knowledge BASE 120

圖解美學 【更新版】

作　　　　　者／李佩璇
企　畫　提　案／蕭麗媛
企　畫　執　行／李佩璇
企　畫　監　製／蕭麗媛
責　任　編　輯／李佩璇
行　銷　業　務／施蘋鄉
總　　編　　輯／蕭麗媛

發　　行　　人／何飛鵬
出　　　　　版／易博士文化
　　　　　　　　城邦文化事業股份有限公司
　　　　　　　　台北市南港區昆陽街16號4樓
　　　　　　　　電話：(02) 2500-7008　傳真：(02) 2502-7676
　　　　　　　　E-mail：ct_easybooks@hmg.com.tw
發　　　　　行／英屬蓋曼群島商家庭傳媒股份有限公司城邦分公司
　　　　　　　　台北市南港區昆陽街16號8樓
　　　　　　　　書虫客服服務專線：(02) 2500-7718、2500-7719
　　　　　　　　服務時間：周一至周五上午09:30-12:00；下午13:30-17:00
　　　　　　　　24小時傳真服務：(02) 2500-1990、2500-1991
　　　　　　　　讀者服務信箱：service@readingclub.com.tw
　　　　　　　　劃撥帳號：19863813
　　　　　　　　戶名：書虫股份有限公司
香 港 發 行 所／城邦（香港）出版集團有限公司
　　　　　　　　地址：香港九龍土瓜灣土瓜灣道86號順聯工業大廈6樓A室
　　　　　　　　電話：（852）2508-6231　傳真：（852）2578-9337
　　　　　　　　E-mail：hkcite@biznetvigator.com
馬 新 發 行 所／城邦（馬新）出版集團 [Cite (M) Sdn. Bhd.]
　　　　　　　　41, Jalan Radin Anum, Bandar Baru Sri Petaling,
　　　　　　　　57000 Kuala Lumpur, Malaysia
　　　　　　　　電話：（603）9056-3833　傳真：（603）9057-6622
　　　　　　　　E-mail：services@cite.my

視　覺　總　監／陳栩椿
內　頁　插　畫／高世傑
美　術　編　輯／陳姿秀
封　面　構　成／陳姿秀、簡至成
製　版　印　刷／卡樂彩色製版印刷有限公司

■2014年07月17日 初版
■2024年03月19日 修訂1版

ISBN 978-986-480-362-0

定價 320 元　HK$ 120

城邦讀書花園
www.cite.com.tw